Georg
Bitter
Verlag

Ursula Bruns

Reiten ohne Angst?

Gefahren kennen
und erkennen

Georg
Bitter
Verlag

CIP-Titelaufnahme der Deutschen Bibliothek

Bruns, Ursula:
Reiten ohne Angst? : Gefahren kennen und
erkennen / Ursula Bruns. - Recklinghausen :
Bitter, 1991
ISBN 3-7903-0417-4

Bildquellen:
"Horseland" Felix Bühler AG: 2
Andreas Jarc: 2
Ellen von Leeuwen: 1
Alle übrigen: Ursula Bruns/
"Freizeit im Sattel"

© 1991 Georg Bitter Verlag GmbH & Co. KG, Recklinghausen.
Alle Rechte vorbehalten.
Einband von Rolf Bünermann
nach einem Foto von Werner Ernst.
Layout Rolf Bünermann und Reinhard Eusterwinter.
Gesamtherstellung: Ebner Ulm.

ISBN 3-7903-0417-4

»Ich bin Ihnen sehr dankbar, daß Sie dieses Thema aufgegriffen haben, und glaube, daß sich viele daraufhin befreiend etwas von der Seele schreiben können.«
Dr. Ilse Bock-Pitsch,
Wald-Michelbach

»Wer gelernt hat, mit einem Pferd umzugehen, hat ein Stück Erziehung an sich selbst vollbracht. Er wird es leichter haben, Menschen zu behandeln.«
Peter Bamm
Eines Menschen Zeit, 1972

»Gerade habe ich die neue FS Juni bekommen, und mein Herz machte einen Freudensatz, daß endlich jemand mal das Wort Angst anspricht. Sind wir alle ehrlich – wird dieses Thema doch ansonsten von allen – Anfängern und Reitlehrern – totgeschwiegen. Dieser Artikel hat mir aus der Seele gesprochen!«
J. Seelig,
Rodenkirchen

Nach über 50 Jahren im Sattel, über 40 Büchern zum Thema Pferd, über 30 Jahren Unterricht glaube ich feststellen zu müssen, daß es kaum eine Sportart gibt, die, insgesamt gesehen, mit so vielen Vorbehalten angegangen, mit soviel Angst betrieben wird wie das Reiten – kaum eine auch, die so viele Gefühle in uns anspricht, uns ein Leben lang so beglückt. Angst und Beglückung bei ein und derselben Beschäftigung – ist das möglich? Hat es Sinn? Ich meine ja, vor allem dann, wenn die Angst langsam überwunden wird, das Gefühl der Beglückung zunimmt.

Angst hat viele Gesichter, viele Formen, viele Ursachen, und es gibt viele Möglichkeiten, sie zu überwinden – wenn nicht endgültig, so doch ausreichend.

Im Folgenden werde ich versuchen, das Problem von möglichst vielen Seiten aus anzugehen: möglichst viele Aspekte und Lösungen einzubauen Wiederholungen lassen sich dabei nicht immer vermeiden. Man sollte das Buch also zunächst informativ lesen und dann herausfinden, was für die individuelle Lage zutreffend ist.

Wo immer möglich, gebe ich außerdem weiterführende Lektüre bekannt.

Warum Angst?

Worin ist die Angst beim Reiten begründet?

1. Zunächst macht uns *das Pferd an sich* Angst: es ist so groß, so stark, so eigenwillig, so schnell; seine Reaktionen sind oft unverständlich, wir können nicht mit ihm sprechen, es kann uns nicht sagen, was es will, fühlt, im nächsten Augenblick tut.

2. Seine *Bewegungen* sind uns fremd, wir vermögen ihnen nicht oder nur unzureichend zu folgen, sie machen uns körperlich unsicher, verkrampft.

3. Dadurch wächst die größte Angst in uns: die vor dem *Fallen*. Wir sitzen hoch – bis zur Erde ist es weit. Bewegt sich das Pferd, wenn wir stürzen, so schleudert uns diese Bewegung auch noch weit weg, läßt uns hart aufschlagen. Und wir wissen, daß diese Stürze nicht nur weh tun, sondern fatal sein können – bis hin zur Lähmung, zum Tod.

4. Um die Sache dann noch sinnlos zu komplizieren, gibt es bei vielen Reitern – gezüchtet durch falsche Vorstellungen, durch eine weithin sinnentfremdete Reiterwelt um uns – noch die Angst vor der *Blamage*.

Diese Ängste gibt es. Sie zu leugnen hilft nicht. Sie zu überschreien hilft auch nicht. Es ist eine feststehende Tatsache, daß mangelndes Wissen um das Pferd, mangelnde Reitkenntnisse, zu viele Stürze und ein falsches Ansehen der Reiterei das Reiten in unserer Zeit gefährlich verändert haben. Aus der selbstverständlichen Fortbewegung im Sattel in jedem Gelände, jeder Umgebung ist ein Hochleistungssport geworden, der selbst für den simpelsten Anfänger alle Ziele verzerrt und so bedrohlich macht, daß – so die Versicherungsunternehmen – das Reiten nach dem Motocross-Fahren zur gefährlichsten Sportart geworden ist.

Das, sollte man meinen, würde alle Verantwortlichen – die Organisationen, die Lehrer, die Vereine – zu gemeinsamen Gegenmaßnahmen anspornen. Unbegreiflicherweise jedoch ist eher das Gegenteil der Fall: Ängste – seien es die des Anfängers, seien es die des Fortgeschrittenen mit vielleicht schlechten Erfahrungen – werden weithin überhaupt nicht wahrgenommen. Der verständnisvolle Umgang mit ihnen wird weder im Ausbildungsprogramm künftiger Reitlehrer berücksichtigt, noch wird der Angst beim praktischen Unterricht irgendwelche Bedeutung beigemessen. Wo der törichte Grundsatz dominiert, daß vom Pferd fallen muß, wer reiten lernen will, kann ja auch kaum Verständnis erwartet werden.

Je länger ich die reiterliche Ausbildungsszene kenne, um so mehr jagt sie mir Schauder über den Rücken. Ich bezweifle, daß es einen einzigen anderen Sport gibt, in dem so unverzeihlich wenig Rücksicht genommen wird auf die seelische Lage der Beteiligten! Da dürfte das Reiten eine einsame Spitze halten – die um so beschämender ist, weil ja die Rücksichtslosigkeit sich nicht nur gegen den Menschen richtet – der sich ja allenfalls noch durch Aufhören oder Stallwechsel wehren kann –, sondern auch gegen die hilflose Kreatur Pferd.

Die Serie *Angst* in der Zeitschrift *Freizeit im Sattel,* auf der dieses Buch basiert, fand lebhaftestes Echo im Leserkreis. Besonders charakteristische Äußerungen werde ich an gegebenen Stellen einfügen.

Einen aufschlußreichen Artikel zum Thema aus der Feder einer holländischen Psychologin, die sich und ihre Angst beobachtet und analysiert hat, möchte ich gleich an den Anfang stellen:

Meine Angst

Als ich zu reiten begann, hatte ich die Vorstellung, daß nur ganz wenige Reiter auf dem Pferd Angst hatten. Ich schrieb es ihren geförderten Reitkenntnissen zu und hoffte, auch einmal dort anzukommen. Denn *ich* hatte Angst. Und viele Jahre später, als ich diesen geförderten Zustand längst hätte erreichen sollen, hatte ich immer noch Angst. Vor der Stunde schon wartete ich nervös darauf, welches Pferd mir zugeteilt werden würde und ob dieses sich in der vorhergehenden Stunde wohl anständig benommen hatte. Während der ersten Hälfte der Stunde war ich aufs Äußerste angespannt, und erst in der zweiten war ich soweit, daß ich den Ritt genießen konnte – nicht nur, weil ich mich dann eingeritten hatte, sondern wohl auch, weil nun das Ende in Sicht war mit der Erleichterung, wieder einen Sturm überstanden zu haben und nichts Gefährliches hatte tun zu müssen. Und doch fand ich nach Ablauf einer solchen Stunde immer, daß ich herrlich geritten war.

Ich war überzeugt, die einzige zu sein, die Angst hatte. Denn wenn ich auch nur eine Andeutung darüber machte, wurde es sowohl vom Reitlehrer als auch von den Mitschülern weggelacht oder weggeredet. Im Laufe der Jahre bin ich meinem geliebten Reiten treu geblieben, was – angesichts der Tatsache, daß die Angst mir treu blieb – fast wie ein Wunder erscheint. Ich trieb mich viel in Reitschulen herum und sah anderleuts Unterricht zu, fand aber sehr oft die fadenscheinigsten Gründe, selbst nicht mitzureiten.

Erst viele Jahre später, als ich mich nicht mehr schämte, ganz offen meine Angst – vor allem vor »großen« Pferden – zuzugeben, und mich lieber für ein Pony entschied, entdeckte ich, wie viele Menschen auch Angst hatten. Wie traurig! Muß unser Reitunterricht nicht von Grund auf irgendwie falsch sein, wenn Menschen (auch Erwachsene, Selbständige) nicht zuzugeben wagen, Angst zu haben, immer oder auch nur gelegentlich? Und daß dagegen nichts getan wird? Wieviel Freude verdirbt doch diese unterdrückte Angst – wieviel besserem Reiten steht sie entgegen!

Ausgeliefert

Seither ist es eine faszinierende Frage für mich, weshalb ich eigentlich Angst habe und weshalb andere Menschen Angst haben. Und – weshalb wir trotzdem weiterreiten. Ich finde, daß die Ängste so vieler Reiter ein Menetekel an der Wand unseres Unterrichts sind. Ganz klar fehlt ihm in diesem urwichtigen Punkt etwas, da die Angst nicht erkannt und bejaht, schon gar nicht ernst genommen wird. Damit wird der Unterricht unwirksam, didaktisch ineffizient, ja selbst kontrapunktiv. Und die Reiterei wiederum wird dadurch unsicherer als nötig.

Angst hat immer eine Ursache, auch wenn es nicht immer eine sichtbare, äußerliche ist. Wer noch nie auf einem Pferd saß, hat zunächst Angst vor der Größe des Tieres, vor seiner Stärke, mit der es machen kann, was es will. Daß es das meist nicht tut, muß der Anfänger erst erfahren. Wer noch nie auf einem Pferd saß, hat – wie auch so mancher erfahrene Reiter – Angst davor, herunterzufallen. Das ist eine ganz natürliche Angst. Und es hat wesentlich mehr Sinn, jemandem beizubringen, wie er so im Gleichgewicht reitet, daß er fast nicht fallen kann, als die Angst zu bagatellisieren und zu sagen, daß das Fallen nun mal dazugehört. Dadurch verschwindet die Angst keinesfalls – im Gegenteil.

Wie aber geht es gewöhnlich in einer Reitstunde zu? Als Anfänger wird man auf ein unbekanntes Pferd gesetzt, und dann schwirren einem Worte um die Ohren, die man kaum hört, werden Anforderungen gestellt, die einem nichts sagen, während man einzig besorgt ist, oben zu bleiben. Man weiß nicht, wie man das Tier anhalten soll (vorausgesetzt, man hat es zuerst in Bewegung setzen können); und wenn es sich in der Hallenmitte als Denkmal aufstellt oder, noch schlimmer, in Richtung Stall verschwinden will, ist man ihm hoffnungslos ausgeliefert.

Wie überwindet man nun die Angst?

1. Zuerst einmal, indem man klar erkennt, daß es sie gibt, daß man sie akzeptiert und weiß, daß es keinen einzigen Grund gibt, sich ihrer zu schämen. Wenn man diese Gefühle akzeptiert, kommt man schon ein wenig davon los.
Solange man sie zu unterdrücken versucht, kommt man aus dem geschilderten bösen Zirkel nicht heraus.

2. Indem man sich nicht von anderen dazu zwingen läßt, Dinge zu tun, die man nicht zu tun wagt, sondern im Gegenteil verlangt, daß Rücksicht drauf genommen wird, daß man Angst hat. Man reitet schließlich zum Vergnügen und muß dafür genug bezahlen! Deshalb keine unnötigen Risiken eingehen! Setzen Sie auf Sicherheit!

3. Indem Sie versuchen, herauszufinden, weshalb Sie Angst haben. Erst wenn man das weiß, kann man etwas dagegen tun. Auch der Lehrer muß das ernst nehmen und sich darum bemühen, die Angst abzubauen.

4. Versuchen Sie zu lernen, weshalb Pferde sich so oder so verhalten und welchen Sinn und Nutzen die Hilfen haben, die Sie ihm geben sollen. Erst wenn man begreift, wie und weshalb man auf eine bestimmte Weise auf das Pferd einwirken kann, entwickelt man das erforderliche Wissen und Vertrauen, mit der Situation fertig zu werden. Doch gerade dieses Wissen um das Warum und Weshalb wird im Reitunterricht so gut wie nie gelehrt. Mich selber verblüfft es immer wieder, wie wenig in den Reitstunden gefragt wird; der Lehrling führt fast alle Kommandos fraglos und ohne Kommentar aus, die von der Mitte auf ihn abgefeuert werden. Das Motto heißt offensichtlich »nicht fragen«, sondern tun, *ich,* der Lehrer, weiß, was getan werden muß. Dazu bin ich schließlich da.

5. Von zentraler Wichtigkeit ist auch der Versuch, alte, eingefressene Reaktionen und Gewohnheiten durch neue zu ersetzen. Reiten besteht zum großen Teil aus der Überwindung instinktiver Reaktionen. Ein paar Beispiele: Geht das Pferd durch (oder wird es nur schneller, als man wünscht), so hängt man sich »automatisch« in die Zügel. Großer Fehler. Wird man unsicher, klemmt man sich »automatisch« mit den Unterschenkeln fest.

Noch ein großer Fehler. Beide Reaktionen sind Reflexe, die das Problem nur verschlimmern: das Pferd rennt noch schneller, man sitzt noch unsicherer. Man muß sich deshalb bewußt über diese Reflexe hinwegsetzen, muß *denken* und seinen Verstand gebrauchen. Und eben davon werden wir in unserem Reitunterricht systematisch entwöhnt! Man muß sich ganz bewußt klarmachen, was man mit seinem Körper tut: ein Bein preßt stärker, eine Schulter hängt schief, mit der einen Hand tut man fast nichts, will man antraben, hält man sofort die Zügel kürzer, man hält dauernd den Atem an... (Wenn ich z. B. Angst bekomme, schiebe ich sofort mein rechtes Bein vor.)

Auf Entspannen konzentrieren
Versuchen Sie einmal, sich auf diese Dinge zu konzentrieren und Ihre Gewohnheiten zu ändern. Das ist viel wirkungsvoller, als wenn man die Fantasie mit einem durchgehen und böse Bilder malen läßt. Vor allem aber: versuchen Sie sich zu entspannen! Machen Sie sich klar, welche Muskeln Sie unwillkürlich oder immer anspannen; probieren Sie aus, wieviel sicherer und angenehmer Sie sitzen, wenn Sie alle Muskeln erst einmal loslassen. Holen Sie tief und regelmäßig Atem – bis hinein in die Zehen, sozusagen. Bringen Sie alles Gewicht in die Bügel, als wären sie die Erde, auf der Sie sonst stehen. Machen Sie Ihre Beine locker und beweglich, nur dann können Sie sie einsetzen zur vernünftigen Hilfe. Die Forderung nach heruntergedrückten Absätzen mag im Prinzip richtig sein – aber nur, wenn sie nicht ihren gesamten Unterkörper bretthart und steif macht. So kann man nicht »gefühlvoll« einwirken, aber so kann man auch nicht leicht und beweglich in die Bewegungen des Pferdes eingehen.

Auch das Becken muß beweglich und gelenkig sein, um die »Mit«bewegung zu vollziehen. Wie versteift und verkrampft man heutzutage vielerorts reitet, kann man am »Kopfnicken« beim Dressurtraben sehen (seitens des Reiters!). Das ist kein Zeichen guten Mitgehens in die Bewegungen des Pferdes, wie man offenkundig denkt, sondern ein Zeichen versteifter Beingelenke und vor allem der Rückenpartie – die die Bewegungen des Pferdes nicht dämpfend abfangen, sondern unverändert hart weitergeben an das Genick: die Nackenwirbel müssen nun die vollen Stöße abfangen. Daß das weder für den Rücken noch für den Nacken oder den Kopf heilsam sein kann, sollte jeder selbst erkennen.

Eigentlich ist es unvorstellbar, daß in unserem Reitunterricht so wenig (oder gar keine) Beachtung dem Bemühen geschenkt wird, die Bewegungen, die der Reiter ausführen soll, richtig und genau zu erklären. Bewegungen, die er einzig und allein nur aus der Entspannung richtig machen kann. Nur wenn man entspannt sitzt, das Gewicht in den Bügeln und auf den Ballen, kann man allen Bewegungen des Pferdes leicht folgen, auch den unerwarteten, plötzlichen, und kann man selber alle Bewegungen ausführen, die man möchte. Entspannt zu sitzen, heißt natürlich nicht, jeden Halt preiszugeben und wie ein Kartoffelsack zusammenzusacken. Im Gegenteil: man sitzt aufrecht in der Balance und kann dann jeden einzelnen Körperteil unabhängig einzeln gebrauchen.

Das geht mit verspannten Muskeln nicht. Angespannte Muskeln und festgepreßte Knie drücken einen nur weiter aus dem Sattel; entspannt sitzt man tiefer darin und hat dadurch mehr Verbindung mit dem Pferd. Und eben dieses Gefühl besserer Kontrolle läßt viele Ängste schon verschwinden wie Schnee vor der Sonne.

Das habe ich am eigenen Leibe erfahren, als mir Ursula Bruns in zwei *(zwei)* Tagen über eine in Jahrzehnten aufgebaute Angst hinweghalf. So reiten zu lernen, das würde ich jedermann von Herzen gönnen.

Ich glaube, eine der häufigsten Ursachen für Angst ist, sich ausgeliefert zu fühlen, zu glauben, man habe keinerlei Kontrolle über das, was das Tier unter einem tut. Jeder fühlt sich wohl, glaube ich, verspannt und besorgt auf einem Pferd, das sich im Straßenverkehr ängstlich oder nervös benimmt. Aber viele Reiter fühlen sich *immer* so. Weil sie kein Gefühl sicherer Kontrolle über die Situationen kennen. Häufig entsteht ein Gefühl der Machtlosigkeit und des Nichtkönnens dadurch, daß viel zu früh viel zu hohe Forderungen gestellt werden. Es geht immer wieder um den Reitunterricht – es ist absurd, von jemandem in einer Gruppe von acht Anfängern zu erwarten, daß er sein Pferd ständig auf dem Hufschlag hält, und das auch noch in sicherem, gleichmäßigem Abstand vom Nachbarn; es ist absurd, jemanden, der noch nicht im Gleichgewicht sitzt, ohne Bügel reiten zu lassen und dann noch zu fordern, die Zügel einfühlsam anzuwenden;

es ist absurd, von jemandem, der noch nicht zügelunabhängig sitzen gelernt hat, zu fordern, sein Pferd »an den Zügel« zu reiten (was außerdem pures Chinesisch für diesen Reiter ist); es ist absurd, Anfänger nach nur zehn Dreiviertelstunden Unterricht über Sprünge gehen zu lassen; und es ist schließlich die Höhe des Absurden, jemanden zu etwas zu zwingen, das er weder tun will noch tun kann. Wobei letzteres sowohl den Reitlehrer angeht als auch die Mit-Lernenden, die nicht selten den Zwang noch verstärken durch Bemerkungen' wie: »Nun stell dich nicht so an«, »das geht ja von allein«, »sei doch kein Spielverderber«.

Die nachhaltigsten Gründe für Angst sind schlechte Erfahrungen: häufiges Fallen, Durchgehen, plötzliches Verweigern vor einem Sprung, Geschlagenwerden usw. usw. Diese Angst ist am schwersten zu überwinden, weil der Verstand, das Denken so wenig Einfluß darauf haben. Schlimm ist, wenn die Mitreiter darüber lachen und haarsträubende Geschichten über die »Böcke« erzählen, oder wenn der Reitlehrer schreit und herumkommandiert. Das verstärkt die Angst nur. Und mehr als ein Reiter reagiert seine eigenen Ängste dadurch ab, daß er es dem »Bock« richtig zeigt. Daß auch das ein Bumerang ist und das Problem nur verstärkt, sollte jedem einleuchten.

Dennoch halten viele Anfänger durch, lernen verbissen, eher trotz als wegen des gegebenen Unterrichts. Außerdem lernen sie sehr langsam: Angst blockiert das Denken, Angst blockiert auch das klare Erkennen der Situation und ihr Durchdenken und verlangsamt dadurch das Lernen weiterhin. Und infolge der Angst verspannt und verkrampft man sich und gewöhnt sich alle möglichen Haltungsfehler und schlechte Gewohnheiten an. Muskelschmerzen sind die Folge, und diese wiederum behindern die Sicherheit des Reitens aus zwei Gründen: sicheres und gutes Reiten ist nur möglich, wenn man sich entspannt, denn nur dann kann man richtig und kontrolliert auf das Pferd einwirken; und überdies werden alle die Spannungen und Ängste unverzüglich vom Pferd wahrgenommen, und da es sie als bedrohlich empfindet, reagiert es erst recht nervös und ängstlich und widerspenstig. Auch das macht natürlich das Reiten ein ganzes Stück unsicherer, als nötig wäre.
Dr. H. Receveur

So sollte es sein:

Angstfrei sitzen heißt immer zuerst »sicher sitzen«. Ich könnte gar nicht mehr anders reiten als mit langem Bein, das möglichst viel Pferd umschließt, Knie tief und locker, Unterschenkel lang und weg von den Pferderippen, Füße auf den Ballen nach unten wippend. Beide Pferde sind äußerst nervig und kamen schwer verritten zu uns nach Reken. Sie gehen hier frei und sicher, Kopf hoch, Ohren gespitzt, das Gebiß am langen Zügel annehmend. Um so zu reiten, muß man gut reiten – richtig reiten. So lehren wir es, so sollte man es überall lernen können.

Von entscheidender Wichtigkeit bei dem Bestreben, Ängste zu überwinden, ist – wie Dr. Receveur schon feststellte – das *Nachdenken* über die Lage. Wenn es schon so schwierig ist, Hilfe von den eigentlich dafür Zuständigen zu erhalten, bleibt uns nichts anderes übrig als der Versuch, uns selber zu helfen. Setzen wir also unseren Verstand ein, um uns mit der Angst und den Mitteln, sie zu überwinden, auseinanderzusetzen.

Ich weiß, wovon ich rede – habe ich mir doch jahrelang das Reiten selber beigebracht. In meiner Jugend gab es in der Provinz weder Reitschulen noch Reitlehrer und nur ganz wenige Bücher, die aber meist sehr alt waren und aus Zeiten stammten, in denen sich intelligente Menschen mit dem Pferd und seinen Möglichkeiten beschäftigten, weil das Pferd noch wichtig war und im Mittelpunkt des praktischen Lebens stand.

Die Bücher waren für einen Anfänger schwierig, aber gründlich, und mein Wille, »richtig« reiten zu lernen, war unbändig. Also ackerte ich sie eben siebenmal durch und probierte soviel wie möglich aus. Alle Anfängerschwierigkeiten sind mir wohlvertraut. Um möglichst vielen Menschen, die Pferde halten und Reiten lernen wollen, zu helfen, gründete ich, zusammen mit Erika E. Müller, eine eigene Zeitschrift, *Freizeit im Sattel*, und ein ganz speziell auf die Bedürfnisse von Anfängern, älteren oder ängstlichen Reitern abgestimmtes Reitzentrum, das FS-Testzentrum in Reken/Westfalen, wo wir mittlerweile über 7000 Kursteilnehmer hatten.

Gründe der Angst

Die dort von mir, zusammen mit der Professorin für Erwachsenen-pädagogik, Inge Behr, entwickelten und mittlerweile tausendfach erprobten Lehr- und Unterrichts-pläne sind voll darauf ausgerichtet, den Einstieg in richtiges Reiten leichtfaßlich zu machen mit dem Ziel, Ängste abzubauen und soweit wie nur möglich zu überwinden. Auf einzelne Aspekte dieser Pro-gramme komme ich im Verlauf dieses Buches noch zurück.

Schauen wir uns zunächst an, was unsere Ängste verursacht.

Mangelndes Wissen um das Pferd

Wir haben uns weithin dem Pferd entfremdet. Wer im 4. Stock, in der Großstadt, Wohnung mit Balkon, wohnt, wächst natürlich nicht mit Pferden auf. (Die einzelnen Phasen zwischen modernem Wohnen und Leben und dem »Pferd um uns« können wir uns selber ausmalen. Fest steht, daß das »Pferd an sich« aus unserem Leben verschwunden ist, auch aus dem des Landwirts.) Eben diese Verfremdung freilich steigert unsere Sehnsucht: wahr-scheinlich wurden noch nie so viele Pferde von Herzen herbeigesehnt von so vielen Menschen, die so wenig von ihnen verstehen! Das ist durchaus erkannt: noch nie gab es so viele Bücher über das Wesen des Pferdes, seine Psychologie, seine Reaktionen.

Hier setzt nun das *Denken* positiv ein: diese Bücher sind zu kaufen (einige der empfehlenswertesten sind in der Bibliographie aufgeführt), und wenn man die notwendigen Kosten bedenkt, die dem angehenden Reiter noch entstehen werden (und fortgeschrittenen schon entstanden sind), so ist der Preis für ein paar Bücher gering einzusetzen. Die Wirkung aufmerksamer Lektüre aber ist überaus profitabel: wir befassen uns mit dem Wesen des Pferdes, studieren seine Reaktionen, die uns dann später nicht mehr überraschen können. Freilich ist diese Methode der Aneignung von Wissen mühsamer, als wenn es uns in Unterrichtsstunden beigebracht würde; doch da der Unterricht »in diesem unserem Lande« wenig zu bieten hat, müssen wir halt auf uns selbst zurückgreifen und jedes Buch *dreimal* aufmerksam lesen. Hoffnungslos ist das jedenfalls nicht. Es stärkt die Sicherheit und baut damit Ängste ab. Und darum sind wir ja hier bemüht.

Der zweite Schritt, den wir selber tun können, ist, jemanden zu suchen, der ein Pferd hat, und ihm bei der Arbeit rundum zu helfen. Da könnte man z. B. eine kleine Anzeige aufsetzen (es ist erstaunlich, wie viele Pferde sozusagen im verborgenen blühen) oder auch in einen Verein gehen und sich zunächst einmal umschauen und vielleicht dort einen Privatpferde-Besitzer finden, der sich über Hilfe freut, oder auch dem Stallmann zur Hand gehen. Jedenfalls ist alles, was uns dem Pferd körperlich am Boden näherbringt, ein unschätzbarer Gewinn für das spätere Reiten. Natürlich ist das alles mit Mühen verbunden, aber wer seine Angst überwinden will, muß halt was tun.

Ich fand in meiner Jugend z. B. ein reitbares Pferd ca. 9 km von meiner Wohnung entfernt auf dem Lande und fuhr bei Wind und Wetter, Regen und Schnee, sonntags und nach der Schule (den Zettel mit Vokabeln in der Hand) 5 Jahre lang per Fahrrad dorthin. Es hat mir mein Leben lang geholfen. (Wobei das Reiten allenfalls an Feiertagen, die Pflege täglich stattfand.)

Diese Vorarbeiten zum Reiten sind unabdingbar wichtig. In Reken begleiten sie alle Kurse, aber das ist anderswo relativ selten.

Vielleicht finden Sie – mit Glück – einen Platz für die Ferien, wo Sie sich um Pferde kümmern können? Suchen Sie! Es ist Ihre Angst.

Pferde hinter dem Haus – entspannt und glücklich. Mittendrin zwei Kinder – ebenfalls glücklich

Als ich vor über 30 Jahren in Büchern, Vorträgen, Filmen und schließlich der *Pony-Post/Freizeit im Sattel* die Idee verbreitete, man solle sich ein Pferd kaufen und es hinter dem Haus oder bei einem befreundeten Bauern halten, sagte mir der damalige Vorsitzende der deutschen Ponyzüchterverbände: »Wissen Sie überhaupt, was Sie tun? Sie werden tausendfach Tod und Unglück über die Familien bringen.« Es bedurfte schon einigen Mutes, das auf sich zu nehmen; aber ich war – und bin natürlich – fest davon überzeugt, daß Nähe, Vertrautheit, täglicher Umgang zwischen Pferd und Mensch Ängste abbauen und daß mit wachsendem Vertrauen beiderseits Verständnis kommt.

Außerdem: wer ein Pferd besitzt, und sei es auch nur ein ganz kleines, muß ja nicht gleich reiten oder fahren, sondern kann sich Zeit damit lassen, bis die Angst vor diesem Schritt geschwunden ist. Jedenfalls habe ich in den vergangenen Jahrzehnten weder von Mord noch von lebensgefährlichen Unglücken aus dem Kreis jener frühen Pony- und Pferdebesitzer gehört – was meiner Theorie recht zu geben scheint.
Am schwierigsten ist der Einstieg ins Reiten und der Abbau der Ängste weiterhin, wenn man im Vereinsstall Anfängerunterricht nimmt. Aber das wird sich so bald auch nicht ändern.

Aus der Flut eingegangener Leserbriefe möchte ich Ihnen zwei – da für diesen speziellen Aspekt besonders charakteristisch – nicht vorenthalten:

1

»Mit 57 Jahren nahm ich erstmals Reitunterricht, da ich von einem Islandpferd träumte. Es wurde eine totale Katastrophe:

1. Reitstall. Das gesattelte Schulpferd wurde dem Schüler zum Erklimmen dargeboten. Man trottete im Rund auf Torf; die alte Susi reagierte nur auf das schnarrige »Terrabb« des als Reitlehrer verkleideten Ex-Unteroffiziers. Ich verstand nur Bahnhof, wenn ich das Pferd »versammeln« oder ähnliche exotisch-unverständliche Befehle ausführen sollte. Was man mir jedoch perfekt beibrachte, war eine höllische Angst vor dem Kommando »Galopp«, den ich aussitzen sollte, ohne zu ahnen, wie. Mein Mann und ich gaben diesen »Reitunterricht« auf.

2. Den Versuch in einem anderen Stall gab ich ganz schnell auf. Dort wurden die Hunde geprügelt, uralte, magere Pferde in den Schulbetrieb gezwungen. Dort habe ich nur gelernt, daß Runterfallen nicht schlimm ist, wenn man mit ein bißchen Rum im Bauch Mißstände übersehen kann.

3. Im Urlaub in der Heide versuchte ich es mit »individuellem« Reitunterricht: wurde gezwiebelt und bekam auf dem Reitplatz das Pferd nicht in den Galopp. Dennoch ritt man mit mir aus, und beim ersten Galopp flog ich auf harte Ackerkrume. Dennoch – wieder auf dem Platz, wurde mir das Geheimnis des Galopps wieder nicht offenbart.

Der Traum war ausgeträumt…

Falscher Reitunterricht

4. Trotzdem versuchte ich es später noch einmal auf einem für die »leichte Reitweise« bekannten Hof im Kreise Lüchow-Dannenberg. Ich hatte mir inzwischen das Angst-Trauma, als Unsportliche nicht einmal 135 cm erklimmen zu können, erworben und bat ehrlich, mir doch zu helfen, es zu überwinden. Was tat man? Nichts. Man ließ mich vor den anderen, schon Aufgesessenen, erniedrigend hilflos und atemlos zappeln. Als anderntags mein Pferd, während ich mich mit ihm unterhielt, an meiner Jackentasche zu knabbern begann, eilte unser »Lehrer« herbei, gab dem Pferd eins über die Nase und erklärte mir, ein Pferd sei kein Hund – es habe zu arbeiten und zu parieren, sonst nichts.

Ich habe keine Angst vor den Pferden – Angst habe ich vor den Menschen!
Dr. Ilse Bock-Pitsch,
Wald-Michelbach

2

Als ich beschloß, mich aufs Pferd zu wagen, kaufte ich mir Reitstiefel, Kappe, Hose und diverse Lehrbücher. Durch regelmäßigen Ballettunterricht ziemlich trainiert, stiefelte ich – ca. 155 cm groß – zum ersten Reitunterricht. Die Pferde waren zwischen 165 und 172 cm groß: eine hannoversche Stute, die bis zu 16 Jahren ausschließlich zur Zucht verwandt und im Schnellverfahren innerhalb von 14 Tagen A-»fertig« gemacht worden war, wobei ihre Gangarten auf der Strecke blieben, sowie ein Wallach, von dem man munkelte, er sei Klopphengst, auf einem Auge blind, schenkel- und maulstumpf. Ein veritabler Riese für mich. Da der Reitlehrer Anfänger gleich nach dem Ungeziefer einordnete, unterrichtete uns als »Lehrerin« eine 17jährige Springreiterin, die keinen Millimeter vom Berufsethos der anderen Lehrer des Stalles abwich.

Zweimal bekam ich die Stute; am Ende der 1. Stunde mußte ich ohne Bügel reiten, sogar im Galopp, eine Hand am Angstriemen, eine am Hinterzwiesel. Noch ohne Angst, lachte ich. Danach mußte ich auf den Wallach – sehr gegen meinen Willen. Im Sattel saß ich wie im Spagat, wagte nicht herabzuschauen und kam mit den Beinen nicht an den voluminösen Bauch heran. Der Wallach war, auch durch seine Behinderung, sehr schwer zu reiten; immer passierte Unvorhergesehenes, mal galoppierte er plötzlich los, oder er scheute. Ich war ihm hilflos ausgeliefert, immer kurz vor dem Fallen und so heftig angeklammert, daß ich mir die Knochen wundrieb. Die mächtigen Bewegungen des Pferdes konnte ich natürlich nicht koordinieren und war immer verkrampft.

Kaum hielt ich mich schlecht und recht an der Longe, wurde ich losgemacht, und während ich auf dem einen Zirkel Schritt zu reiten versuchte, wurde auf dem anderen geschrien und kräftig mit der Peitsche geknallt, worauf mein Wallach jedesmal bockte. Ganz schlimm wurde es, als ein Gewitter mit prasselndem Regen einsetzte, der knatternd aufs Dach der halbfertigen Reithalle schlug. Mein Wallach war total verspannt und angstvoll, und nun wollte er gar nicht mehr gehen. Das wiederum rief bei der Reitlehrerin wahre Tobsuchtsanfälle hervor, bis sie Steine sammelte und nach meinem Pferd schmiß. Das Ergebnis ist leicht vorstellbar. Dann gab sie mir eine Peitsche und sagte: »Hau ihm sofort eins drüber, oder ich hole wieder Steine!« Mein Wallach ging panisch mit mir durch und sprang über einen hohen Sandwall nach draußen. Ich überlebte, aber ich saß ab, gab der Lehrerin die Zügel und sagte, sie solle das Pferd selber reiten.
Den Reitplatz habe ich nie mehr betreten.

Entmutigt und reitschulgeschädigt versuchte ich nun, privat zu reiten, bekam eine Fjord-Kaltblut-Kreuzung und flog bei jedem Ritt zweimal runter. Dennoch faszinierten mich die Ritte draußen mehr als die Reitschule – bis zu meinem schwersten Sturz: die Stute erschrak, galoppierte an, ging vorn und hinten hoch und ich knallte mit voller Wucht auf stahlhart gefrorenen Lehmboden… In einer Ferienreitschule saß ich später wieder auf: das Pferd war ein Bayrisches Warmblut, 158 groß, bis M ausgebildet, leichtrittig: endlich verspürte ich einmal das Gefühl von Schwung und Leichtigkeit. Nur beim Galopp verkrampfte ich mich wieder völlig; blitzartig tauchte das Bild des Wallachs vor meinem inneren Auge auf – und mir wurde bewußt: Mensch, Mädchen, du hast Angst!

Was tun? Weiterreiten! Im neuen Stall erzählte ich dem Besitzer alles über meine Angst. Er hörte mir schmunzelnd zu und gab mir eine Warmblutstute, die »vorsorglich« für mich aus der Box geholt wurde und die lammfromm sein sollte.

Beim Putzen bekam ich um ein Haar einen Huf an den Kopf, aber unter dem Sattel war es herrlich: die Stute war sehr weit gefördert und trabte herrlich – bis sie auf die Knie fiel und dann nicht mehr weitergehen wollte. Plötzlich explodierte sie, ging durch und bukkelte, was das Zeug hielt. Ich stemmte die Füße in die Bügel und blieb oben, doch merkte ich bei jedem Schritt, daß ich auf einer Zeitbombe saß. Sie explodierte wieder. Meine Mutter, die zusah, konnte nicht mehr hinsehen, doch der Besitzer grinste und bemerkte: »Wenn sie immer noch oben ist, kann sie ja reiten.« Beim Hinausführen kam mir eine Reiterin entgegen und sagte: »Was? Du hast die Rike geritten? Wurde auch Zeit, die hat ja ein halbes Jahr in der Box gestanden.« Der Besitzer also hatte meine Angst völlig ignoriert und war nur darauf aus, mich vor eine »Mutprobe« zu stellen. Angst wird von Reitlehrern und »alten Rittmeistern« überhaupt nicht ernst genommen. Angst zu haben, ist etwas Schlechtes. Ich bin mit meiner Angst erst in einem 11-Tage-Kurs weitergekommen.

Simone Völker
Mainaschaff

Mangelnde Reitkenntnisse also? Ja – allseits zugegeben. Wie aber dem abhelfen? Mir liegen Hunderte Briefe vor, die ähnlich den hier abgedruckten lauten, und der Mangel an talentierten, bemühten und speziell für den Anfängerunterricht ausgebildeten Lehrern wird nicht nur an der Basis beklagt, sondern von der Spitze auch zugegeben: In einem von der »Deutschen Reiterlichen Vereinigung« erarbeiteten Diskussionspapier (Ende 86) heißt es wörtlich: »Die zu stark turnierorientierte Ausbildung der Reitlehrer muß in Richtung Anfängerunterricht intensiviert werden. Denn: sowohl der FN-Reitlehrer wie auch der Reitwart sind nicht für den Anfängerunterricht geschult. Der Unterricht ist allgemein eindeutig sporttechnisch orientiert und berücksichtigt nicht das Bedürfnis des Anfängers nach einer umfassenden Information auch in Fragen des Umgangs, der Haltung usw. Der Reitwart und der (Amateur) Reitlehrer werden ebensowenig auf die Unterrichtung von Anfängern geschult.«

Was bleibt uns in dieser trostlosen Lage übrig, als – darauf kommt es immer wieder heraus – uns selber zu helfen? Zumindest, den Versuch dazu zu machen?

Wieder ist *Denken* gefragt: Wir müssen uns ganz klar werden darüber, daß wir alle – Kinder und Erwachsene – nicht mehr vom Vater vor sich in den Sattel genommen wurden, daß es mit dem »Reiten von Kindesbeinen an« aus und vorbei ist (außer natürlich bei den weiter oben erwähnten neuen Besitzern von Pferden beim Haus). Wenn wir in vorgeschrittenem Alter den Schritt vom Boden in den Sattel wagen, ist der Abstand beträchtlich. Zudem: nie haben Menschen so viel gesessen, bei der Arbeit, bei der Fortbewegung, in der Freizeit. Unsere Muskeln sind erschlafft, versteift, ungeübt, der ganze Körper ist entweder untrainiert oder durch andere Sportarten einseitig trainiert. Wie also sollen wir uns den so ganz anderen Bewegungen des Pferdes anpassen?

Denkend können wir wenigstens etwas tun: uns ein Buch besorgen, in dem die Anforderungen beschrieben sind, die da auf uns zukommen; also eine Beschreibung der Reitstunden und der Fachausdrücke – denn daran muß man sich als Schüler auch gewöhnen: alle Lehrer werfen mit solchen Ausdrücken um sich, aber nur die allerwenigsten erklären, was damit gemeint ist, z. B. Littauer, *Die moderne Reitlehre.* Und so kommt immer wieder die in den Briefen geschilderte Situation zustande: daß der Schüler verschüchtert und voller Angst auf einem ihm fremden Wesen sitzt und gar nicht hört, was gesagt wird, geschweige denn, es versteht oder durchzuführen imstande ist.

Von der Vernunft her gesehen sollte der Unterricht damit beginnen, die Muskeln aufzuwärmen und zu lockern. Aber mit Vernunft ist beim herkömmlichen Unterricht selten zu rechnen. So kann ich nur vorschlagen, zu Hause selber täglich ein paar Übungen zu machen.

Dazu eine Anekdote aus Reken: Wir entwickelten im Laufe der Jahre eine einfache, lustige Form der Lockerung, die fast alle Kursteilnehmer nach anfänglichem Zögern begeistert 10 Tage lang mitmachen. Nun erwarteten wir aber einen Sonderkurs jugendlicher Leichtathleten, bereits erfolgreicher siebzehnjähriger Sportler. Das Kursprogramm würde ihnen gefallen – aber die Gymnastik? War sie diesen Jung-Profis zuzumuten? Nun, sie erledigten alle Aufgaben mit Verve und Vergnügen, und als ich sie fragte, ob sie denn das nicht etwa »kindisch« fänden, erntete ich nur Erstaunen. »Aber das muß doch sein! Man kann doch nicht Sport treiben, ohne vorheriges Aufwärmen!«

Wie recht sie hatten. Aber weshalb werden die steifen Körper einzig beim Reiten nicht aufgewärmt? Zwar gibt es auf dem Markt drei Bücher über Reitgymnastik (für zu Hause, denn in keiner mir bekannten Reitschule wird sie durchgeführt), doch ist deren Ziel auch nicht das Lockern, sondern das Stärken der Muskeln – so ziemlich das einzige, was zum Reiten überhaupt nicht nötig ist (wie die weltweiten Erfolge so vieler »zarter« Frauen sogar im Sportsattel zeigen).

Und schon gar nicht nötig ist es für die vielen Hunderttausende nicht sporttreibender Reiter. Doch eben die sind für den Reitlehrer nicht interessant. Und eben diese haben Angst.

Arme recken, hüpfen, schlenkern, schwingen – den ganzen Körper locker machen

Gewöhnen Sie sich also einfach an, vor dem Reiten Ihren Körper kräftig zu lockern: schütteln Sie sich, schlenkern Sie Arme und Beine, kreisen Sie mit den Händen schwingend von rechts nach links, lockern Sie dabei die Schultermuskulatur, recken und strecken Sie sich, haben Sie dabei gute Laune und das unbedingte Gefühl, alle Steifheit des Tages abzuwerfen! 10 Minuten genügen – und Sie fühlen sich im Sattel viel wohler, entspannter und können sich den Bewegungen des Pferdes besser anpassen.

Halten wir fest: um sicherer reiten zu können, sollte nur ein entspannter Reiter in den Sattel steigen – und zwar zuerst in den eines Holzpferdes. (Sie können es sich selbst leicht bauen; bei der Redaktion der *Freizeit im Sattel* liegen die Pläne dafür bereit.)

Gleichgewichtsübungen verhelfen zu besserer Koordination und Balance im Sattel

Sie können sich aber auch einen besonders hohen und stabilen Barhocker besorgen (die Füße dürfen den Boden nicht erreichen) und sich dann zurechtsetzen, wenn möglich vor einem Spiegel, und die Grundlagen eines guten Sitzes – so wie er auf einigen der folgenden Bildern dargestellt ist – nachzuahmen versuchen. In aller Ruhe können Sie so fehlerhafte und richtige Haltungen durchprobieren, bis Ihr Körper ganz sicher weiß: so ist es gut! (»Reiten mit FS« FS-Verlag, Bonn, Venusbergweg 10)

Unser Holzpferd wurde im Laufe vieler Jahre entwickelt und vervollkommnet, ich könnte ohne dieses nützlichste aller Hilfsmittel zum Erlernen des Reitens überhaupt nicht mehr lehren. Jeder denkende Reitlehrer sollte sich seiner ebenfalls bedienen.

Jeder *denkende*... Ich selber kenne nicht mehr als drei. Alle anderen finden es »kindisch« – ohne den wichtigsten Unterschied zwischen sich und dem Schüler zu bedenken: daß der Lehrer nämlich schon kann, was der Schüler erst lernen muß. Daß also nicht seine Ausbildungsstufe wichtig ist, sondern die des Schülers. Und der nun findet, richtig angewiesen, das Holzpferd nicht kindisch, sondern überaus hilfreich.

Am Holzpferd kann er hundertmal hintereinander das richtige und leichte Aufsitzen lernen (muß sich nicht, auf Gedeih oder Verderb, hochhangeln am darob mit Recht unruhigen lebendigen Pferd), zieht ihm – wenn er die Übungen auf dem Holzpferd hinter sich hat – nicht mehr den Sattel halb auf die Seite, plumpst ihm nicht mehr grob in den Rücken, um dann mit dem Lehrer zusammen zu fluchen: »Die verd... Böcke!«

Ein Pferd, auf das beim Aufsitzen Rücksicht genommen wird, auf das man gekonnt aufsitzt – sanft, leicht –, steht geduldig und gern und nimmt dem Reiter die Angst vor den ersten fünf Minuten: ist das es nicht wert, gelehrt und gelernt zu werden?

Auf das Holzpferd kann der Lehrer den Schüler richtig hinsetzen: Beine lang, Schultern zurück, Oberkörper aufgerichtet, Arme leicht und locker fallend, Hände sanft am Zügel... alle die zahlreichen Fehler, die der Schüler dabei immer wieder macht, können immer wieder geduldig verbessert, erklärt und ausgemerzt werden, ohne die stete Angst, das ungeduldig gewordene Pferd werde sich irgendwann unwillkürlich in Bewegung setzen.

Aber wir züchten uns die Angst selber an: indem wir den Anfänger gleich aufs lebendige Pferd setzen, ihm Anweisungen zuschreien, die er weder versteht noch durchführen kann, dem Pferd dabei ständig fehlerhaftes Verhalten zumuten und erwarten, daß es irgendwann »von selbst« richtig reagieren wird. Wie weit kann man eigentlich den Schwachsinn noch treiben?

Dem Schüler auf dem still dastehenden Holzpferd kann der Lehrer in aller Ruhe jeden einzelnen Körperteil »arrangieren« und dabei erklären, weshalb man so und nicht anders sitzen soll.

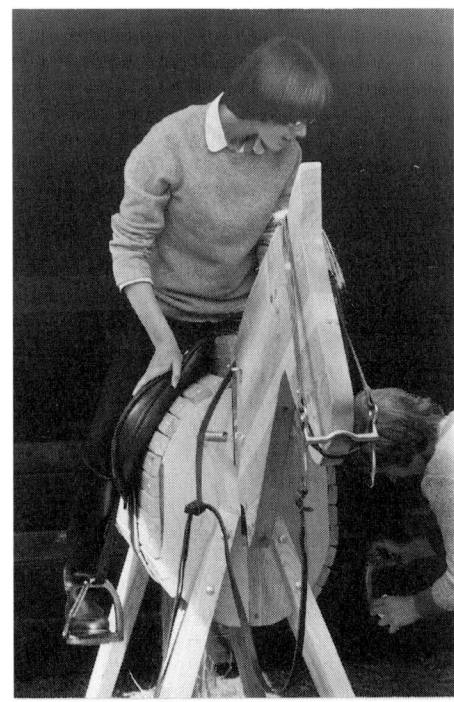

Das Holzpferd gibt Vertrauen in den eigenen Körper, läßt der Verständnis wachsen für die langsam erklärten Fachbegriffe, macht den Sitz sicherer – und nimmt damit schon wieder Ängste fort.

Der Anfänger, der solcherart vom verständigen Lehrer mit Wesen und Reaktion des Pferdes vertraut gemacht wurde und weiß, wie er seinen Körper im Sattel richtig »arrangiert«, sollte nun erst ans lebendige Pferd gebracht werden. In Reken schalten wir hier, damit sich der Schüler nie am Zügel festhalten lernt, einige Übungsstunden mit dem Halsring in der Ovalbahn ein.

Der Lernende kann seinen Körper beweglich in alle Positionen bringen, die er irgendwann einmal auf dem Pferd einnehmen soll. Hier geht es um das Niederducken unter Ästen im Wald, bei korrekt gerade gehaltenem Bein.

Die Schulterblätter sollen zurückgenommen, der Rücken gerade gerichtet sein. Niemals kann das so »hautnah« erklärt werden, als wenn der Lehrer den Schüler dicht vor sich hat.

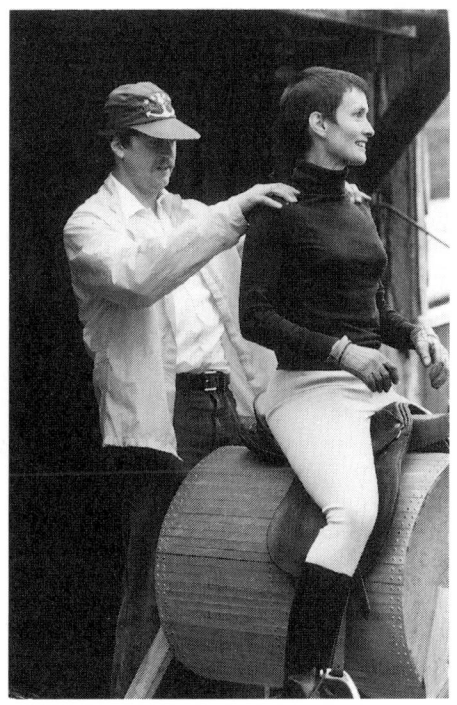

Hier lernt er, alle drei Grundgangarten ohne Zügel zu reiten, rein in
der erlernten Balance. Und er spürt
beglückend, wie wenig Zügelkon-
takt nötig ist, um ein unverdorbe-
nes Pferd zu lenken.

Zumindest aber sollte sich der
Lehrer die Zeit nehmen, jeweils
einem ganz kleinen Kreis von
Schülern den richtigen Schritt beizubringen. *Schritt* ist die wichtigste
Gangart; die Gangart, in der der
richtig gelenkte Schüler die Bewegungen des Pferdes erspüren lernt
und in Ruhe versuchen kann, die
seinen ihnen anzupassen.

Reiten ohne Zügel: dem Pferd liegt ein
Drahtring leicht um den Hals, der Reiter
hat keinen Zügel in der Hand. So sollte
der Anfänger lernen und sich dabei
ganz auf den richtigen Sitz konzentrieren: unten lang, oben lang, Schultern
etwas in die Bewegung vorgenommen.
Die Gerte zum Antippen leicht in der
Linken. Das so gerittene Pferd geht
freiweg voran. (Normalerweise wird
weder Mundstück noch der dünne
Bindfaden zum Sattel angelegt. Letzte-
rer dient im Frühjahr nur dazu, das
Pferd am Naschen vom frischen Gras
zu hindern.)

Aber wo wird denn Schritt gelehrt? Was man allenthalben sieht, ist ein Schwanken im Sattel, als sei er das Deck eines altmodischen Zweimasters, nicht aber der Sattel des Pferdes! Das wackelt und wogt, Bauch vor und zurück, wie ein schlechtsitzender Rucksack – angenehm und sicher für Pferd und Reiter? Nein, aber so »schick«!

Sicher ist das nicht, und ohne Sicherheit keine Befreiung von der Angst.

Wer so reiten gelernt hat, hält sich auch im Galopp nicht am Zügel fest – und schaltet damit eine kritische Situation mehr aus. Die Reiterin sitzt im Vorwärtssitz in freier Balance auf dem willig untertretenden Pferd, das leicht wie eine Feder galoppiert, zufrieden – und somit wiederum ungefährlicher. Die sehr ängstliche Reiterin verlor ihre Angst von Tag zu Tag mehr, gewann Vertrauen in sich (ihre Balance) und in ihr ausbalanciertes Pferd.

Und hier geht es ja einzig um die Angst: Angst kann nur abgebaut werden durch Verstehen, und verstehen muß der Schüler das Pferd, dessen Natur, seinen eigenen Körper und dessen Reaktionen und die ganz simplen Mittel, zur sicheren Balance im Sattel zu kommen.

Da alles dies kaum in Ruhe gelehrt wird – was kann der Einzelne tun? Zuerst einmal: er kann *denken*. Kann sich klar sagen, daß er viel Geld bezahlt und dafür einen angemessenen Unterricht verlangen darf.

Daß ein Anfänger nicht jemand ist, der dem letzten Lehrling anvertraut wird, daß es eine Unverschämtheit ist, von der »Kochlöffelbrigade« zu sprechen, wenn Mütter und Hausfrauen sich Zeit und Geld nehmen, um Entspannung und Erholung im Sattel zu finden. Daß dem Verein jede einzelne müde Mark hilft, aus der augenblicklichen finanziellen Misere herauszukommen – und daß jede einzelne Mark dabei gleichwertig ist. Ein Lehrer ist nur so gut, wie ihn sich die Schüler erziehen!

Leider werden Sie u. U. lange danach suchen müssen: aber das ist besser, als in den nächsten Verein zu gehen und ein halbes Leben lang Angst im Sattel zu haben. Finden Sie im Verein nicht, was Sie erwarten können, so sparen Sie lieber das Geld und machen Sie einen ausgedehnten Reiturlaub in einem bemühten Betrieb – es gibt sie! Nehmen Sie sich ein paar Wochenenden Zeit und besehen Sie sich den Ort Ihrer Wahl vorher: es geht um Ihr Urlaubsgeld, und Ihr Reitenlernen.

Schauen Sie sich an, wie die Reiter im Verein und auch die im Urlaubsbetrieb sitzen – und denken Sie an Ihre Angst. Wir haben uns nämlich, das werden Sie bald feststellen, hierzulande auf einen ausbildungsmäßigen Irrweg begeben. Wo immer wir in der Welt auf praktisches, sicheres Reiten treffen, sehen wir das lange Reiterbein, das viel Pferd umschließt und auch in den vertracktesten Situationen (die sich in der Gebrauchsreiterei ja häufiger ergeben als in der Halle) Sicherheit bietet. Sicherheit bedeutet weniger Angst, muß also gefördert werden.

Wo immer aber Sie in den Schulen hinsehen, ist das Reiterbein zu kurz.

Das liegt daran, daß sich die Reitlehrer hierzulande beim Anfänger-Unterricht nicht mehr am sonst so viel gepriesenen »deutschen Dressurreiten« orientieren, sondern am Springstil. Ersteres bedarf des langen Beines, für letzteres braucht man das stark verkürzte Bein, für das der Bügel dann entsprechend kürzer verschnallt wird. Nun gehört aber jegliches Springen – und sei es nur über 60 cm – schon in den Bereich sportlichen Reitens. Der Anfänger aber denkt noch nicht oder überhaupt nicht an Sport: er möchte sicher und angstfrei zu Pferde sitzen und zunächst die 3 Grundgangarten reiten können. Der zum Springen notwendig verkürzte Bügel – mit dem 90% aller Anfänger im Unterricht reiten müssen – verhilft aber zum Gegenteil: das hochgezogene Bein umschließt nicht genug Pferd, der Absatz bohrt sich im gefährlichen Moment in die Pferderippen, das Knie liegt an »rutschiger« Stelle – ein Buckler, und der Reiter liegt unten. Und hat künftig noch mehr Angst.

Unsere Bildfolge erklärt, was gemeint ist. Jeder Reitlehrer sollte unterscheiden können zwischen dem, was eine bestimmte Sportart an »Sondersitz« verlangt und dem, was ein Schüler zunächst und als solides Fundament braucht.

Das kann er aber nicht, weil er – wie auf den Vorseiten nachzulesen – das gar nicht gelernt hat. Ihn interessiert vornehmlich der Sport. Da gibt es dann wieder einige wenige hervorragende Lehrer.

Mit hochgezogenem Knie, hochgezogenem Absatz, auf dem Pferd mehr jonglierend als reitend, wurde die Reiterin Sieger einer internationalen Welsh-Schau, gerichtet von geprüften Richtern. Keinem fiel überhaupt auf, wie unsicher sie saß, wie unmöglich – und wie gefährlich.

Sie hätten entsetzt sein müssen – wenn das brave Pony irgendwann gebuckelt hätte, wäre wieder ein Reiter zu Boden gegangen (zum Motto: »Wer nicht fällt, ist kein Reiter«?) So kann man nicht sicher sitzen – aber wer oben bleibt, gewinnt. Reiten als Russisches Roulette?

Ein Zufallsfoto? Ich habe Hunderte ähnlicher. Dies finden junge Reitschüler »normal«: kein Fundament, das ihnen Halt gibt, wenn das Pferd einmal scheut, durchgeht, sich erschrickt. Aber da ist ja immer noch der Zügel, an dem man sich festhalten kann, sehr zur Freude des Pferdes – und wieder eine Stelle, an der »die Sicherung durch-brennt«. Mehr Stürze – und mehr Angst?

Wie wäre es damit? Langes Bein, durchfedernd auf dem Ballen, Raum für den Absatz zum Nachgeben und Tiefertreten – immer in Übereinstimmung mit der Bewegung des Pferdes? Schlank aufgerichteter Oberkörper, der es den Hüften erlaubt, sich ebenfalls beweglich anzupassen an alles, was das Pferd – erwartet oder unerwartet – unter dem Reiter tut?

Ein Kind auf einem schwierigen Araber: ein zufriedenes Pferd, dem der junge Reiter genügend Bewegungsfreiheit am lang gelassenen Zügel (mit dennoch leichter Anlehnung) gibt, ein Reiter, der gelernt hat, den Zügel als Verständigungsmittel zum Pferd zu benutzen und nicht als »Hilfe in letzter Not«, entspannt sitzend, mit langem Bein, entspannter Schulter, leicht nachgebenden Händen. So müßten hunderttausend Anfänger aller Jahrgänge zu Pferde sitzen.

Eine englische Reiterin im Stand: Beine lang, Knie tief und locker, Ballen federnd, Oberkörper aufrecht, Nacken gerade, Schultern entspannt, Hände leicht, Zügel lang – ein ruhiges, interessiertes Pferd, das wohlerzogen (nicht durch tausend Hilfszügel gezwungen) ist und sich in Ruhe die Lage anschaut: Garantie für Sicherheit ganz ohne Angst.

Reitschülerin, die freudig behauptete, »klassisch« zu reiten: Hilfezügel, stark eingerollter Pferdehals – wenn es dem Pferd zuviel wird, buckelt es sich frei. Wen wundert's – außer den Reitern, deren Angst wächst?

Hier wird, anläßlich der offiziellen Vorstellung der einzelnen Warmblutrassen bei der EUROCHEVAL in Offenburg, das Pferd in den Grundgangarten im Springsitz gezeigt – viel zu kurzes Bein, Knie viel zu hoch – ein unwilliger Buckler, und eine nicht total sattelfeste Reiterin liegt unten. Pferd zu kurz gehalten, Hals eingerollt, hinter dem Zügel gehend – ein Einzelfall? Ich habe 13 genau gleiche Bilder bei der genau gleichen Gelegenheit fotografiert.

Wenn wir die Bilder der absoluten Meister der Dressur betrachten, so sehen wir ein »klassisches« Bild: das aufgerichtete Pferd und den Reiter mit langem Bein und leichter Hand. Eine Etage tiefer sieht man's schon anders: aufgerollte Hälse, hohe Kruppen (verspannte Pferde!), kurzes Reiterbein, Hand fest im Zügel.

Und ganz unten fängt es sehr oft böse an: dem Schüler wird ein total zusammengeknalltes Pferd mit allen möglichen Hilfsmitteln gegeben mit der Aufforderung, es »an den Zügel zu reiten«.

Gleiche Veranstaltung, anderes Stammbuch, gleiche Fehler: Pferd viel zu kurz, im Hals versteift, hinter dem Zügel gehend, nicht untertretend, sondern die Hinterhand gespannt nach hinten hinauswerfend – die Reiterin zu stark einsitzend, in der Schulter festgehalten, mit den Sporen treibend. Linda Tellington pflegt so etwas »The German hang-and-bang-method« zu nennen, die deutsche Weise, unten gegen die Rippen zu »bängen« und oben im Zügel zu hängen. Das gibt verspannte Pferde, die nicht sicher sind in jeder Situation.

Ergebnis: spätestens beim Galopp springt das gemarterte Tier in die Bahnmitte und buckelt den Reiter ab. Der hat dann noch mehr Angst und verkrampft sich erst recht. Der durchschnittliche Reitlehrer weiß sich nicht anders zu helfen als mit Lautstärke: er brüllt. Der Schüler verspannt sich noch mehr. Die Angst wächst proportional. Wem hilft das?

Mal wieder Offenburg – diesmal Vorführung im Galopp: Pferd zu kurz, hinter dem Zügel gehend, hinten wegziehend statt untersetzend, Reiter mit zu kurzem Bein, Knie viel zu hoch, Hand zur »Pfote« eingedreht (was niemals leichte Handhabung des Zügels ermöglicht, aber keinem Richter auffällt), Schulter krumm – ein hundertfach zu sehendes Bild auf unseren Turnieren, in unseren Schulen. Wie soll man so sicher und angstfrei reiten lernen?

Eine traurige Bilanz muß hier gezogen werden: richtig reiten lernt man nur in unseren Reitschulen? Falsch. Man muß dort reiten lernen, weil es hierzulande nur sehr wenige andere Möglichkeiten gibt. Aber man lernt nicht richtig, sondern falsch. (Was gottlob nicht nur ich – seit Jahren – feststelle, sondern nun auch die FN selbst.)

Daß das Reiten ein eminent unfallträchtiger Sport geworden ist, sollte irgendwann einmal an entscheidender Stelle nachdenklich machen. Freilich gehört zum Nachdenklichwerden erst einmal das Denkenkönnen.

Uns lehrte man vor 45 Jahren: »Der höchste Punkt ist das Genick«, und schon als junge Reitschülerin mußte ich zuerst lernen, ein riesiges Pferd taktrein zu reiten. Keine dressurmäßige Glanzleistung, aber solides Handwerk, ohne das nichts ging. (UB im Sattel)

Und die Meister? Genick die höchste Stelle, Hinterhand schwungvoll untertretend, Pferd in völliger Balance – Reiter mit langem Bein, aufgerichtetem Oberkörper, hoher, leichter Hand. Weshalb wird nicht gelehrt, was doch alle anstreben – der exzellente Dressursitz? Weshalb müssen schon die Grundgangarten auf verspannten Pferden und mit falschem (Spring-)Sitz geritten werden? Wie soll, wer falsch anfängt, jemals ein Meister werden – oder auch nur ein sicherer Reiter? Und damit mehr Angst verlieren?

Sehr viel Hoffnung kann ich Ihnen nicht machen, über den Unterricht im herkömmlichen Verein Ihre Angst zu verlieren. Denn nicht nur Sie werden dort falsch behandelt, sondern vor allem auch die Pferde. Denken wir wieder einmal nach. Das Pferd ist ein Herdentier, das sich in Gemeinschaft wohl fühlt, ein Tier, das viel, viel Bewegung braucht, als Tier der Steppe außerdem Licht, Luft, Weite und Temperaturschwankungen. Als ausgesprochen ängstliches Tier braucht es außerdem steten Kontakt mit der Umwelt: um sich in ihr sicher zu fühlen, muß es sie kennen – alle ihre Geräusche, Gerüche, »Gefahren«. Und nun stellen Sie sich das Leben eines »normalen« Vereinspferdes vor: eingesperrt in einen möglichst dunklen, möglichst luftarmen Stall, abgeschirmt von der Außenwelt, ohne Kontakt zu vierbeinigen Freunden – verschüchtert, ängstlich, bewegungsarm – verstreßt…

Und darauf nun sollen Sie fröhliches, sicheres Reiten erlernen? Zwei Minuten wirkliches Nachdenken sagen uns, daß das ja praktisch unmöglich ist. Ein Bewegungstier, das tage- und jahrelang jeglicher Bewegung entfremdet im Stall (oder, horrende Vorstellung, im Ständer) steht, muß sich ja, wenn es dem entrinnt, zunächst einmal Luft machen: irgendwie… Dabei wäre dem in den allermeisten Fällen abzuhelfen: die Boxen müßten Außentüren haben, deren obere Hälften geöffnet werden können – schon sieht und hört und riecht das Pferd mehr. Es müßte einen eingezäunten, ausreichend großen Platz geben (den sowieso vorhandenen Außen-Reitplatz mit entsprechender Umzäunung?), in den die Pferde – so, wie sie sich miteinander vertragen – täglich einige Stunden zwecks Spiel und Bewegung entlassen werden könnten. Streß aus Bewegungsmangel entfiele, der Reiter säße auf einem entspannteren Pferd, das seinen »Stallmut« im Umgang mit seinesgleichen ausgetobt hätte.

Falscher Umgang mit dem Reitpferd

Entgegen steht dem nichts. Selbst die FN sieht ein, daß ihre in ihren Arbeitskreisen entwickelten und unterstützten Pferdegefängnisse nicht mehr mit dem übereinstimmen, was wir für uns selbst und unsere Umgebung in punkto Lebensqualität erwarten. In dem auf S. 33 erwähnten Arbeitspapier heißt es wörtlich:

»Die Pferdehaltung in den meisten Vereinsstallungen entspricht nicht den Anforderungen an Licht, Luft, Bewegung und Sozialkontakt.

Pferde, die so mit ihren Reitern oder in den Schulen leben, sind innerlich frei, seelisch entspannt – und damit weit weniger »gefährlich« als die unglücklich in enge, luftarme und oft dunkle Einzelhaft-Boxen gesperrten Tiere. Auf dem Foto aus Reken leben Menschen, Hund und Pferde friedlich miteinander.

Die zunehmend hohen Ausfälle durch arthrotische Veränderungen und Erkrankungen des Atmungs/ Kreislaufsystems der Pferde sind nicht zuletzt darauf zurückzuführen... Die Reiter verlangen inzwischen anderes: Außenboxen, möglichst mit angeschlossenem Auslauf.«

Es sind Bequemlichkeit (»kann doch die Tiere nicht dauernd rein- und rauslassen«) und unsinnige Ängste einiger Pferdebesitzer, die ihre Tiere vermenschlichen und damit quälen (»Offene Türen? Das gibt Durchzug«), fehlendes Verständnis bei den Verantwortlichen, die sich nicht die kleine Arbeit machen, Pferde ein paar Tage in ihren Reaktionen zu beobachten und dann diejenigen, die sich vertragen, zusammen hinauslassen (»Die schlagen sich doch nur...«) und lauter ähnliche *menschliche* Schwächen, unter denen die Pferde und die Reiter ein Leben lang leiden. Wer denken kann (und es auch tut!), merkt sehr schnell, wie unsinnig es ist, auch noch auf diese Art Ängste zu züchten. Wer aber tut etwas dagegen?

Ich kenne in meiner allernächsten Umgebung Ställe, in denen die Pferde nicht nur eng und von der Umwelt abgeschnitten stehen, sondern auch noch in ewiger Dunkelheit und – im Sommer – in dumpfer Luftlosigkeit, die für ihre Lungen tödlich ist. Und das mitten auf dem freien Lande, mit so viel Platz, wie nur gewünscht sein kann...

Unfälle sind von vornherein einkalkuliert. »Wenn Sie Angst vorm Runterfallen haben, sind Sie kein richtiger Reiter!« So ein Quatsch. Reiten heißt, sich auf dem Pferd fortzubewegen, nicht auf dem Boden zu liegen. Wir haben in Reken mit 5, 6 harmlosen Unfällen auf 7000 (siebentausend) Reitschüler bewiesen, daß Reiten heute so unfallfrei sein kann wie vor hundert Jahren. Und daß Angst in Grenzen gehalten werden kann.

Ein immer wieder gehörter Einwand ist: »Unser Lehrer sagt, wenn man Sportpferde auf die Weide gibt, fallen sie auseinander – man kann sie dann nicht mehr versammeln.«

Ein besonders dummes Argument: stellen Sie sich einen Hochleistungssportler – etwa einen Hochspringer – vor, der Tag und Nacht in einem 2 x 2 m kleinen Raum verbringen muß – und dann 2 m hoch springen soll! Welcher Trainer würde das zulassen? Und welcher Sportler hat nicht nach anstrengendem Training den dringenden Wunsch, sich endlich zu entspannen? Wer könnte schon in ständiger Anspannung leben? Seele, Nerven und Körper gingen drauf.

Dem Pferd geht es ebenso. Muskeln, die »Versammlung« bewirken sollen, müssen sich auch entspannen können. Nur wer sich entspannt, kann sich wieder anspannen. Gerade Sportpferde also sollten viel Weidegang haben.

Was aber tun die meisten unserer Lehrer, um den Bewegungsdrang der Stallpferde zu bremsen? Sie verpassen ihnen Leder, verschnüren sie wie ein schlechtgepacktes Postpaket. *Denken* wir einen Moment lang nach: aufgestauter Bewegungsdrang wird auch noch verschnürt – der Drang wird künstlich verstärkt! Mittels zu tief und zu eng geschnallten Reithalfters wird überdies dem zu Dreivierteln durch die Nase atmenden Pferd die Luft abgeschnitten – und das soll es sicherer machen? Offiziell aber wird das erzählt: »Sicherheit durch Leder«. Blanker Unsinn – 90% aller Pferde werden schlagartig sicherer, wenn wir das überflüssige Leder entfernen und sie wieder frei durchatmen lassen. Aber Leder ist teuer – und der Markt arbeitet eng mit den Organisationen zusammen.

Bauen Sie für sich selber Angst dadurch ab, daß Sie – wo immer es möglich ist – Sperrhalfter u. ä. entfernen und sich mit Ihrem Pferd verständigen, statt es zu zwingen (das ist am Ende doch stärker als Sie).

Viele Leser werden nun sagen: das haben wir alles schon gehört. Und sie haben recht: nur finde ich immer wieder Reiter, die es dennoch falsch machen. Man kann Dinge, die sich falsch und tief eingefressen haben ins Bewußtsein, nicht mit einer einzigen Richtigstellung ändern. Außerdem geht es in diesem Buch weniger um tier- als um menschenschützerische Erwägungen, und es ist nun einmal nicht zu leugnen, daß ein Pferd, das richtiger gehalten und richtiger »angezogen« ist, ein sichereres Pferd ist – und damit beim Reiter weniger Angst hervorruft.

Zuviel Leder? Sperrhalfter, Martingal, Schlaufzügel – oder gar alle zusammen? Wir versuchen es bei schwierigen Pferden (die meist seelisch krank sind), oft mit dem Gegenteil: indem wir alles Leder vom Kopf entfernen. Nur mit einem leichten Drahtring um den Hals geht dieses Pferd unter einer gut geschulten Reiterin entspannt und frei (natürlich ist der Ring ein Schulungsmittel für die Bahn, kein Ersatz für ein leichtes Kopfstück nach erfolgreicher Korrektur).

Diese Angst steckt in uns allen; nur sehr wenige können sich von ihr freisprechen. Ein einfacher Sturz kann schon schlimme Folgen haben – sehr viele Stürze aber sind nicht einfach: passieren nicht in der Reitbahn, sondern im Gelände, am Rande einer befahrenen Straße, auf hartem Boden… Das muß klar gesehen werden: unsere Angst ist berechtigt.

Und sie ist weithin zu vermeiden. Bei über 2000 Pferden, die ich in fast 50 Jahren in drei Erdteilen ritt, bin ich knapp ein Dutzendmal gefallen, und niemals mit ernstlichen Folgen. (Die beiden letzten Stürze waren die nachhaltigsten – nicht körperlich, sondern beim Nachdenken. Wir hören noch davon.)

Die Ursachen, die zu Stürzen führen, haben wir schon besprochen, soweit es sich um das mangelnde Verständnis für das Pferd an sich wie mangelnde Reitkenntnisse und falsche Pferdehaltung drehte. Lernen wir Pferde besser kennen, werden wir sie nicht mehr so leichtsinnig in Situationen reiten, die – aus der Natur des Pferdes und seiner angeborenen Ängstlichkeit heraus – gefährlich werden können. Lernen wir selber besser, d. h. entspannter, reiten, werden wir die Ängste des Pferdes nicht durch Verkrampfungen noch vergrößern, geben wir dem Pferd einen ihm angemessenen Lebensraum, wird es selber entspannter an die Aufgaben unter dem Sattel herangehen. Soweit, glaube ich, sind alle *Denkenden* sich nun wohl einig.

Angst vor dem Sturz

Vertiefend möchte ich, ehe wir zu weiteren Aspekten kommen, noch über die Steigerung der Reiterangst, über die Angst des Pferdes und umgekehrt sprechen. Je nervöser, unberechenbarer, verkrampfter ein Pferd unter dem Sattel ist, um so größer ist die – intuitive, reflexartige – Angst beim Reiter.

Auch so kann das Pferd lernen, seine Angst zu verlieren: sanft geführt, verliert das Hindernis seine Schrecken. (Es müssen nicht unbedingt Straßenbesen sein, ein Kunststoffbogen tut's noch besser...)

Es bewegt sich ja dauernd etwas unter einem; und wenn diese Bewegungen nicht mehr glatt und harmonisch sind, wenn das große, starke Wesen unter uns bebt und sich wehrt und heftige, kurze Bewegungen macht und sich in Sprüngen vorwärtsbewegt und schnaubt und schnauft und zu erkennen gibt, daß es sehr bald zur Seite wegspringen, buckeln oder nach vorn davonrennen wird, steigert sich ein anfängliches Gefühl »um Himmels willen vorsichtig sein« zur Angst, ja, zur Hysterie. Wer will es einem verdenken?

Versuchen Sie es doch einmal so: führen Sie Ihr Pferd langsam und gelassen an fremde Gegenstände heran, beschäftigen Sie sich mit ihm, lernen Sie alle seine eigenen Ängste am Boden verstehen – das geht besser als vom Sattel aus. Hier sind Pferd und Reiter schon so miteinander vertraut, daß nicht einmal mehr ein Halfter erforderlich ist.

Unsere Welt ist ja nicht mehr endlos weit, besteht nicht mehr nur aus Äckern und uneingezäunten Weiden, wo man ein Pferd sich nach Herzenslust austoben lassen kann. Ganz, ganz im Gegenteil: Zäune, Straßen, glatter Asphalt, brausender Verkehr, spielende Kinder allenthalben – ein Pferd darf nicht mehr durchgehen, wegrennen, muß sich lenken und halten lassen. Als jemand, der seit Jahrzehnten die schwierigsten Pferde zu reiten bekommt und dem es immer am Heldenmut fehlte, kann ich hier mitsprechen.

Pferde fürchten sich oft vor Dingen am Boden. Nehmen Sie ihnen diese Angst mit Geduld und Ruhe. Pferde, die ihre Umgebung und deren ständig wechselnde »Gefahren« kennen, verhalten sich auch unter dem Sattel gelassener.

Und kann behaupten, daß abermals das beste Mittel zur Korrektur (und damit zum Verlieren der Angst) der Verstand ist.

Nicht das Einsperren und Verschnüren hilft, sondern das genaue Studium des Pferdes und das ganz langsame, ganz konsequente Abbauen aller Ursachen zum Fehlverhalten. »Schnall ihm den Schnorchel enger« ist garantiert das falsche Mittel! »Gib ihm mehr Zügel – entspanne dich mehr – laß es ganz ruhig ankommen« sind die besseren Ratschläge.

Springtraining geht auch so – und oft besser! Viele Pferde, die sich festbeißen, schwer zu halten sind (weil der Reiter zu viel zieht), gehen im Ring freudig und sicher – natürlich in der Bahn und zum Umschulen. Je weniger Leder, um so besser meist der Erfolg. Und der Reiter lernt, in freier Balance zu sitzen.

Das Allerwichtigste ist, ruhig zu werden und das Pferd zu beruhigen. Stundenlang Schritt zu gehen – draußen, im Gelände. Ist auch das noch zu gefährlich, gehen wir mit ihm an der Hand spazieren, lassen es die Umgebung beschnuppern, hier und da ein bißchen grasen: Hauptsache, es kommt innerlich zur Ruhe, es weiß, daß nichts Gefährliches verlangt wird. (Näheres dazu in dem Buch Bruns/Tellington »Die Tellington Methode/So erzieht man sein Pferd«, s. Bibliographie.)

Ein gut gerittenes Pferd kann auch unversammelt, am langen Zügel so vorwärtsgehen, daß es sich frei ausbalanciert, die Nase vorn und das Genick oben hat. Bis in den ruhig nachhängenden Schweif ist diesem Pferd sein Wohlbehagen anzusehen – es ist zufrieden, es ist sicher.

Und wir lernen das Pferd besser kennen. Ein jedes ist ja anders, ist ein selbständiges Individuum mit anderen Reaktionen, anderen Ängsten. Der wichtigste Sinn des Pferdes ist das Riechen – seine Nase sagt ihm, was gefährlich, was ungefährlich ist. Lassen wir es also die Dinge beschnuppern... Seine Nase bekommt uns auch intensiver »in den Geruch«, wenn wir neben ihm hergehen, mit ihm am Boden arbeiten. Beides stärkt das Vertrauen zueinander – und Vertrauen läßt Ängste verschwinden.

Versuchen Sie es doch einmal so: Statt unverstandene Bahnfiguren so gut wie möglich (meist falsch) zu reiten, die weder Ihnen noch dem Pferd etwas sagen, legen Sie sich unterschiedliche Hindernisse auf den Boden und reiten Sie Ihr Pferd ganz ruhig, ganz entspannt darüberhin – am ganz langen Zügel und weit nach vorn in die Bewegung eingehend. Das Pferd soll selber ausprobieren, wie und wo es am besten geht. Auf dem Foto trägt der sehr nervöse Vollblüter nur ein leichtes, gebißloses Vosal.

Bei Vereinspferden ist es schwer, Ursachen abzubauen, weil ja der nächste Reiter wahrscheinlich das Vertrauen wieder zerstören wird, das da zaghaft wächst.

In einem solchen Falle gibt es nur eins: ein Pferd, vor dem man Angst hat oder das einem Angst macht, nicht mehr zu reiten. Es kategorisch abzulehnen, auch wenn der Reitlehrer sauer wird: die eigene Sicherheit ist wichtiger als die schlechte Laune eines Reitlehrers. Bestehen Sie darauf, ein Pferd Ihres Vertrauens zu bekommen! Schließlich zahlen Sie ja genug dafür – und es gibt beim augenblicklichen (miesen) Finanzstatus der meisten Vereine keinen, der es sich leisten kann, Reiter aus Dummheit zu verlieren.

Finden Sie Gleichgesinnte! Gehen Sie gemeinsam gegen Engstirnigkeit und eklatante Dummheit vor – die Argumente liefert Ihnen *Freizeit im Sattel* seit Jahren. Zeigen Sie das FN-Papier vor, in dem ja alle gravierenden Fehler aufgezeigt und zugegeben sind!

Vor allem aber: hören Sie endlich auf, auch noch vor Ihrem Reitlehrer Angst zu haben! Er ist ein Angestellter Ihres Vereins und lebt vom Geld der Mitglieder – also auch von Ihrem! Seine Pflicht ist es, Ihnen die Angst zu *nehmen,* nicht aber, sie zu vergrößern! Suchen Sie: es gibt zahllose Ställe und Lernmöglichkeiten.

Wägen Sie vor sich selber ab, ob es Ihnen eine längere Anfahrt wert ist, die Angst zu verlieren.

Reiten Sie aber ein Pferd, das Ihnen immer oder gelegentlich Angst macht, dann schalten Sie unbedingt zurück: in den Schritt. Und denken Sie jeden Augenblick darüber nach, wovor Sie Angst haben und was das Pferd ängstlich macht. Beruhigen Sie es – und sich selbst. Atmen Sie tief durch, lassen Sie den Zügel zentimeterweise los, nehmen Sie das ängstlich angepreßte Knie vom Sattel, treten Sie tief und fest in den Bügel ein, schütteln Sie sich locker – und Sie werden merken, daß das Pferd ebenfalls lockerer und ruhiger wird. Und tun Sie das während des ganzen Rittes, und während des nächsten...

Einer der häufigsten Fehler, alle Korrekturarbeit zunichte zu machen, ist, zu schnell voranzugehen. Pferde sind von Natur aus langsam denkende Tiere, sanfte, die gewöhnt sind, daß der Herdenboß – sei es ein Hengst, sei es eine Leitstute – für sie entscheidet. Sie sind gewöhnt, zu folgen.

Aber sie folgen nur dem, der sie schützt, der ihnen Sicherheit bietet. »Leit«tier zu sein, bedeutet nicht, herrisch irgendeinen Willen durchzusetzen, sondern vom Pferd das zu verlangen, was es gut und sicher tun kann. Und erst mehr zu verlangen, wenn es (und Sie) mehr gelernt hat.

Schlimmste Barriere vor diesem vernünftigen Handeln ist der sinnloseste aller Angstgründe:

Die anderen sagen: »Stell dich doch nicht so an.« Die anderen sagen: »Mein Gott, das ist doch kein Tempo – leg mal zu!« Die anderen sagen: »Was, das Pferd getrauen Sie sich nicht zu reiten?« Die anderen sagen: »Bei uns im Verein macht man das aber so.« Die anderen erwarten dauernd, daß Sie Dinge tun, die Sie gar nicht tun wollen. Dinge, die gefährlich sind. Dinge, vor denen Sie Angst haben. Aber: Die anderen haben auch *Angst. Sie geben es nur nicht zu. Sie übertönen sie und fühlen sich sicherer, wenn auch Sie tun, wovor alle Angst haben.*
Schwachsinn – werden Sie, wenn Sie es so lesen, sagen. Aber dann tun Sie doch, was die anderen erwarten.

Weshalb eigentlich? Bestimmen »die anderen« Ihr Leben? Weshalb sagen Sie nicht lächelnd: »Ach, macht ihr das mal, ich habe keine Lust, dieses Pferd zu reiten, diesen Sprung zu machen, dieses Tempo zu reiten?« Liegen »die anderen« hinterher im Krankenhaus? Verlieren »die anderen« ihren Job? Steigern sich »die anderen« dadurch in Ängste hinein, die höchst überflüssig sind?
Niemals, in meinem ganzen Leben nicht, habe ich getan, was »andere« – gegen meine bessere Einsicht – von mir erwarteten. Im Gegenteil: ich habe den anderen gezeigt, wie es sicherer und angstfreier geht. Und viele haben es mir dann nachgemacht.
Alle weiteren aufgezeigten Gründe für die Angst muß man gelten lassen, weil sie aus der Sache selbst entstehen – dieser aber ist unverzeihlich. Wer sich von anderen – gegen seinen Willen – in schwierige Situationen hineinreden läßt, ist einfach dumm.
Dazu wieder ein Leserbrief:

Die Meinung der anderen

Reiten gegen das Gefühl

Meine Geschichte hängt eng mit UB's Artikel über die Angst zusammen, und deshalb möchte ich alle Reiterinnen und Reiter vor der »falschen Stimme« warnen, die mich fast auf den Friedhof brachte. Im April hatte ich einen Reitunfall. Ich ritt allein auf meiner Warmblutstute ohne Kappe auf der Straße, stürzte und kam mit Schädelbasisbruch und Gehirnbluten auf die Intensivstation. Ich war drei Monate außer Gefecht und habe meinen Geruchssinn verloren, aber sonst keine Schäden erlitten. Heute mache ich endlich, endlich das, was ich immer wollte, nämlich ohne Angst mit dem Pferd zusammen die Natur genießen. Angefangen habe ich mein Reiterleben vor Jahren auf einem Pony, Stm. 1,30 m mit wunderschönen Geländeritten. Dann dachte ich, du mußt auch mal richtig Reitunterricht nehmen, und so geriet ich in den traditionellen Reitschulklüngel: Du auf'm Pony? Witze, Verachtung gegenüber der Ponyreiterei.

So ignorierte ich mein wahres Bedürfnis, ließ meine Welshstute stehen und kaufte mir ein Großpferd. Damit begann die Angst, denn ich traute mir auf einem großen Pferd einfach nicht das zu, was ich auf meiner Tina gut gemacht hatte. In der Reitschule waren die »Buschreiter« nicht gefragt, und so blieb ich trotz Großpferd allein. Aber ich trieb es weiter, denn ich wollte im Reitverein wer sein. Als mein Großpferd an einer Herzkrankheit starb, legte ich mir einen dreijährigen Westfalen mit enormem Springvermögen zu. O ja, nun war ich angesehen! Nur konnte ich dieses Pferd nicht ausbilden, geschweige denn einfach im Freien reiten. So ging es in die Hände eines erfahrenen Springreiters, der Rialto schonend pflegte und ritt. Das überprüfte ich ständig. Nur meine eigenen Bedürfnisse kamen hintenan. So war ich einen Sommer lang fast jedes Wochenende auf einem Turnier als Zuschauerin mit der Ehre, ein so gutes Pferd zu besitzen.

Schließlich kaufte mir ein Spring-reiter Rialto ab. Nun wurde mir eine Warmblutstute angeboten, preiswert, mit sehr guter Abstam-mung, aber massiv verhaltensge-stört. Ich setzte mir zum Ziel, dieser Stute wieder Vertrauen zum Men-schen zu geben. Nach zweijähriger geduldiger Therapie nach Linda Tellington-Jones hatte ich ein Pferd, das mir vertraute. Nur ihr hitziges Temperament konnte ich nicht korrigieren, und so verbrach-te ich fast jeden Ausritt auf ihr mit Angst. Voriges Jahr brachte sie ein wunderschönes Fohlen zur Welt, und ich ritt sie lange Zeit nicht.

Dann kam der Tag meines Unfalles und danach eine lange Zeit des Nachdenkens, in der ich mir darü-ber klar wurde, daß ich all die Jahre gegen meine Bedürfnisse geritten war und nicht einmal auf meine ständige Angst Rücksicht genom-men hatte. Also entschloß ich mich, Jule und ihre Tochter Lea zu ver-kaufen und mir ein kleines, ruhige-res Pferd anzuschaffen.

Wenn ich jetzt aus dem Küchenfen-ster schaue, sehe ich meine gute, alte Tina und die Islandstute Rey-ka. Und mit ihr habe ich all die schönen Ausritte gemacht, die ich immer machen wollte.

So sehr ich mich bemühe, ich finde keinen Sündenbock. Jeder akzep-tiert mich heute. Manchmal habe ich das Gefühl, daß viele Leute aus dem Reitschulbetrieb mich benei-den, weil es ihnen genauso geht, wie es mir lange Zeit erging und sie nicht zu ihren wirklichen Bedürf-nissen stehen.

Hedda Krieger,
Altenberge

Was wir wollen

Reiten – was bedeutet denn das dem Einzelnen heute? Die Frage kann nur jeder für sich beantworten, und wenn er es getan hat, ist schon wieder eine Menge Grund zur Angst weg. *Denken* wir darüber wieder einmal nach:

Reiten – heißt das für uns, ein großer Sportler werden, tagtäglich zwei Stunden Dressur zu reiten, um in der Öffentlichkeit aufzutreten? Über 1,80 m zu springen, um Turniere zu bestreiten? Heißt es, Entspannung finden in einem gemächlichen Ritt durch die Jahreszeiten? Heißt es, Freundschaft zu einem großen, warmen Tier zu empfinden und aus dem einfachen Miteinander Beglückung zu empfangen? Heißt es, mehr mit der Familie zusammenzusein, ihre Pferdeliebe zu teilen, Pferde zu pflegen und gelegentlich auf ihrem Rücken zu sitzen?

Dies und noch viel mehr kann »Reiten« bedeuten. Und erst wenn wir ganz genau wissen, was denn wir für uns selbst wollen, besteht die Chance, im Sattel das zu finden, was wir suchen.

Die hypnotisierende Sicht auf den Sport als einziger Art des Reitens hat Hunderttausende, die ganz anderes wollten, schon unglücklich gemacht. Hunderttausende Pferde in Formen gezwungen, die sie befriedigend nicht füllen können. Will man überzeugt den Sport, muß man die Konsequenzen ziehen – darf keine Angst haben, muß sich dem Trainer bedingungslos fügen, lange nach dem passenden Pferd suchen. Nichts dagegen zu sagen – wenn man das *will*.

Über das Reiten

Will man etwas anderes, muß man auch Konsequenzen ziehen – unterschiedliche, zum jeweils Angestrebten passende. Ich selber habe mein Leben lang keinen Sport treiben wollen: er hat mich niemals interessiert. Ich wollte möglichst viele Pferde und Reitarten kennenlernen und habe die Konsequenz gezogen: bin ihnen in alle Welt nachgereist und habe mir andere Reitweisen zeigen lassen, bin in die verschiedensten Sättel von tausend verschiedenen Pferden gestiegen, um zu *fühlen,* wie sie sich bewegten, wie sie so ganz unterschiedlich gingen. Außerdem wollte ich von Anfang an *gut* reiten, d. h. so, daß es mir und dem Pferd zu ästhetischem Vergnügen gereichte, und ich habe mich ein Leben lang bemüht, besser zu reiten.

Die törichte Vorstellung, wer nicht »Dressur« oder »Springen« reite, lasse sich nur tragen, habe ich immer als das abgetan, was sie ist: als überaus töricht.

In der ganzen Welt habe ich bewundernswerte Reiter gefunden, die nie eine Stunde Unterricht gehabt hatten, überhaupt nicht wußten, was Dressur oder Springen war, aber in traumwandlerischer Sicherheit und Feinfühligkeit mit allen Pferden zurecht kamen, sie und sich zufrieden, ja glücklich machten.

Und in unserer Welt habe ich Tausende von Reitern miserabel reiten sehen, die mir überzeugt erklärten, sie ritten »Dressur« oder gar »klassisch«. Und es überhaupt nicht konnten.

Es gehört bei uns schon Mut dazu, sich zum »Nur-Reiten« zu bekennen – aber es erleichtert ungemein, denn nun können wir uns ganz darauf konzentrieren, nur noch zu tun, was wir selber können und wollen und wovor wir keine Angst haben (wohlverstanden: auch das erspart uns das lebenslange Lernen nicht, wohl aber Dutzende von furchterfüllten Umwegen).

Wenn schon ein versammeltes Pferd – weshalb dann nicht mit hohem Genick, untertretend, leicht am langen Zügel gehend, nach vorn-oben geritten statt nach hinten-unten? Ich bin nie ein Turnierreiter gewesen, meine Interessen lagen nicht beim Wettkampf, sondern beim angenehmsten Freizeitreiten – aber bitte richtig: d. h. für uns immer in Richtung auf die echten Meister. (Im Sattel: U.B.)

Ein paar Beispiele, die ich gerne gebrauche: wer sich hinter dem Haus ein Schwimmbad baut, wird nie gefragt, ob er denn Sportschwimmer werden wolle und in welcher Disziplin (er wird höchstens ob der Erfrischung im Sommer beneidet). Und wer in der Schule »Hänschen klein« mit Gusto und lauter Stimme singt, braucht sich deshalb nicht auf eine Karriere als Opernsänger vorzubereiten. Tennisspielen? O ja – es entspannt, hält fit, man lernt (vielleicht) nette Leute kennen – aber deshalb »auf Boris trainieren«? Niemand käme auf die Idee.

Weshalb nicht ebenso reiten – vielleicht sogar ein Pferd (vielleicht ein kleines? Vielleicht ein großes) beim Haus halten, sich entspannen, Freude haben an der Pflege, an seiner freundlichen Gegenwart? Mich selbst würde niemand hinaus ins Meer bekommen zum Schwimmen – ich hätte viel zu viel Angst. Im Schwimmbad paddle ich gern herum (sogar »schwimmen« habe ich gelernt, mit 60, in Afrika). Und zum täglichen Dressurtraining in der Bahn fehlt mir alles: vor allem die Geduld und die Freude an dieser Art zu reiten; aber ein erstklassig trainiertes Pferd stundenlang in die Natur hinaus zu reiten, am liebsten in angenehmer Gesellschaft – das entspannt mich nach anstrengenden Tagen im Beruf.

Wie gesagt – zuerst müssen wir wissen, was wir wollen, und dann konzentrieren wir uns angstlos darauf.

Was wir können

Wer kann schon immer, was er will? Auch das müssen wir überdenken, und hier kommt gleich ein ganz wichtiger Punkt ins Überlegen, den – meiner jahrzehntelangen Erfahrung nach – Tausende von Menschen nicht beachten: der nämlich nach der Wahl des richtigen Pferdes.

Davon zu träumen, ein erstklassiger und dazu mutiger und kenntnisreicher Reiter zu sein, ist erlaubt – Träume sind das immer. Unerlaubt ist, zu versuchen, sie in die Wirklichkeit umzusetzen, wenn einem alle Voraussetzungen dazu fehlen. Wenn man nicht kann, was man will, muß man halt etwas anderes wollen. Etwas, das man – wenn auch nach einigem Bemühen – am Ende doch kann.

Das mag durchaus bedeuten, daß man von herrlichen Ritten durch den goldenen Frühling träumt, aber eine irre Angst vor jedem Stück Papier am Weg hat, weil man fürchtet, das Pferd ginge gleich durch. In der Bahn fühlt man sich sicher: weshalb also nicht in der Bahn reiten und dabei glücklich sein? Mögen andere es »doof« finden – wer sich dabei mit seinem Pferd eins fühlt, seine Bewegungen genießt und das Gefühl hat, lernend mehr zu gewinnen an Lebensqualität für sich, der sollte sich auch dazu bekennen und die Träume vorerst fahrenlassen. Auf keinen Fall sollte er sich von »den anderen« zum Ausritt bewegen lassen, solange er selber fühlt, daß er es noch nicht »kann«.

Umgekehrt: wer sich in der Bahn eingeengt fühlt und glaubt, sein Pferd ginge dort nicht zufrieden, der sollte lieber die Träume von der Dressur fahrenlassen und das tun, was er kann – durchs Gelände bummeln. (Wobei beide Beispiele nur Denkanstöße geben können – man kann ja nicht 100 Möglichkeiten voll durchspielen.)

In meiner Jugend ritten meine Freunde und ich auf dem Land, und es machte riesigen Spaß, die Pferde über die Hoftore ein- und ausspringen zu lassen. Wir dachten uns gar nichts dabei, und es ist nie was passiert. Dann ritt ich Jagden, fuhr nach Irland, nach Ungarn. Es war herrlich; ich konnte es; ich hatte nur gelegentlich milde Angst.

Und dann suchte ich, wegen immer stärker werdender Rückenschmerzen, den Arzt auf, der mir das Reiten total verbot (wie übrigens auch das Schreiben auf der Maschine) – viel zu anstrengend. »Ein Sturz, und es kann Sie umgehend in den Rollstuhl bringen«, und er zeigte mir auf den Röntgenbildern eine Schwachstelle im Rücken, eine Verkalkung. Nun hatte ich Angst: nicht vor dem Pferd und nicht vor dem Reiten, sondern vor dem Sturz. Gestürzt war ich ganz selten und hatte mir nie weh getan – nun wurde das eine Horrorvorstellung. Ich gab weder das Reiten noch das Maschineschreiben auf, aber ich kaufte mir umgehend die beste elektrische (heute eine elektronische) Maschine und wechselte das Pferd und den Reitstil.

Gottlob fiel der Spruch des Arztes in jene Zeit, in der ich das Tölten und bald auch töltende Großpferderassen entdeckte, und seither habe ich getöltet, und – um den Rücken maximal zu schonen – immer besser getöltet, habe mir riesige Mühe gegeben, die richtigen Pferde zu finden, und habe sie unendlich geduldig trainiert. Sini, Sóti, Héla, Chris, Tom – sie alle waren oder sind Supertölter – und der Reihe nach überaus schwierige Pferde. Durchgehen, Steigen, Scheuen – ich hatte immer mit so etwas zu rechnen, und es machte (und macht) mich zugegebenerweise oft nervös.

Aber da ich eisern entschlossen war und bin, in der Qualität der Pferde nicht zurückzuschalten (hochblütige Pferde sind nun mal riskanter), bin ich ebenso eisern entschlossen, mit hundertprozentiger Aufmerksamkeit zu reiten, jedes Pferd immer zu studieren, Umständen, die gefährlich werden könnten, aus dem Wege zu gehen (auch wenn meine jüngeren Schüler sicher denken: die stellt sich aber an). Ich will nicht in den Rollstuhl, davor habe ich Angst – also muß ich Konsequenzen ziehen. Das alles hat mich im Laufe der Jahre zu einer wesentlich besseren Reiterin werden lassen, als wenn ich ganz gesund geworden wäre.

Ich höre intensiver auf das hin, was unter meinem Sattel geschieht, ich erahne es im voraus, ich reagiere durch totale Entspannung, auch wenn es aus dem Reflex heraus schwer fällt.

Lernen, zurückstecken – das kann sehr oft nötig sein, aus den unterschiedlichsten Gründen. Wenn man sich diese Gründe klar macht und sie akzeptiert und danach handelt, steht dennoch glücklichem Reiten nichts im Wege.

Wer Angst hat vor großen Pferden, sollte ein kleines wählen. Wer Angst hat vor heftigen Reaktionen, sollte nach einem ruhigen Pferd suchen. Wer Angst hat vor dem Springen, sollte nicht springen (oder es sehr langsam und vernünftig erlernen). Im Prinzip aber sollte man das Pferd seinem Können und Wollen anpassen: es gibt Pferde für praktisch jeden Zweck. Wenn die Mitreiter oder die Familie das nicht akzeptieren, sollte man die Freunde wechseln und mit der Familie ein sehr ernstes Wort reden.

Da haben wir ihn: Olympiasieger 1928 (Carl-Friedrich von Langen auf dem Hannoveraner Draufgänger): hingetupfter Galopp, Genick höchster Punkt, angespannt, aber nicht verspannt, Reiter mit langem Bein, geradem Oberkörper, einer Hand, die aus der Schulter jeden Zentimeter nachgeben oder annehmen kann. Er konnte, was er wollte. Und lebte (und starb bei einem Turnierunfall) dafür.

Doppelte Vorsicht ist aber meine Devise!

Das kann so aussehen: ein sehr ängstliches und permanent scheues Pferd wurde von mir vor 3 Jahren ins Training genommen; in mühevollster Kleinarbeit gewöhnte ich ihm fast alles Scheuen ab; und dann passierte es eben doch – nach vier Stunden Ritt, mit müdem Pferd, gab es einen Unfall aus Erschrekken, den ich nicht steuern konnte. Ich verknackste mir einen Knöchel, der im vorigen Jahr schon bei einem »Fehltritt« am Boden verstaucht gewesen war. Ergebnis: zwei Monate Gips und Rollstuhl.

Im darauffolgenden Jahr ritt ich das gleiche Pferd wieder – völlig ohne Angst. Aber wieder warf es mich völlig überraschend ab, wieder Gips und Flachlage. Zwei Unfälle nach 20 unfallfreien Jahren, ein sehr gutes Pferd, ein herrlicher Tölter, exemplarisch gut ausgebildet – aber so dumm, daß ein unerwarteter und sehr kraftvoller Buckler infolge einer Schreckreaktion jederzeit drin ist. Ergebnis: kein Pferd mehr für mich: ich habe keine Angst vor ihm, aber jede Angst vor weiteren Monaten im Rollstuhl. Also suchte ich mir ein vernünftigeres Pferd, das bessere Nerven hatte. Wem muß ich noch etwas beweisen?

Die Angst ist da, ich gebe sie offen zu, ich versuche sie zu umgehen – und reite weiter.

Ganz, ganz falsch ist es, als Nicht-Reiter oder Anfänger ein Pferd zu kaufen mit dem Gedanken, »ich werde schon lernen, es zu reiten«. Ich kann die Fälle nicht mehr zählen, in denen das bei Menschen total schiefgegangen ist, die mich dann nachher verzweifelt um Hilfe baten. Lernen Sie zuerst reiten, und kaufen Sie sich dann das passende Pferd! Erst wenn Sie sich im Sattel sicher fühlen, können Sie abwägen, welches zu kaufende Pferd Ihnen ebenfalls diese Sicherheit vermittelt. Lassen Sie sich niemals vom Reitlehrer oder einem anderen »Experten« (»ein guter Freund, der reitet schon lange, der versteht was von Pferden«) ein Pferd aufschwatzen, das Eigenschaften hat, die Sie gar nicht brauchen können!

»Sehen Sie mal, was für ein toller Trab!« (Sie haben Angst, wenn ein Pferd zu stark trabt). »Donnerwetter – kann der springen!« (Sie haben Angst vor dem Springen). »Ein kapitaler Bock – der Verein steht kopf, wenn Sie den mitbringen« (Das Pferd ist Ihnen viel zu groß – aber, daß der Verein… das wäre doch mal was…) Tun Sie's nicht! Der Verein mag staunen, aber der erste Neidische wird Ihnen schon beibringen, daß das »alles nur Schaum« ist – und wo stehen Sie dann? Neben einem Pferd, vor dem Sie Angst haben.

Tausende Ängste und Verkrampfungen habe ich verschwinden, seliges Lächeln verkrampfte Gesichter entspannen sehen, wenn der Reiter/die Reiterin im Sattel eines »lieben« Pferdes saßen: eines Pferdes, das genau zu ihnen paßte, ihnen Sicherheit gab, sie im Galopp so hinsetzte, daß sie alle Angst davor verloren, sich putzen und von der Weide holen und satteln ließ, ohne Schwierigkeit. Das muß beileibe nicht das letzte Mäuschen sein – es kann ein gutmütiger Großer, ein pummeliger Kleiner, ein dankbarer Hübscher sein: er muß nur zum Reiter passen!

Ein bombensicheres Pferd, lang geritten von einer Reiterin, die in freier Balance sitzt (langes Bein, gerader Oberkörper, bewegliche Schulter, nachgebende Hand) und keine Angst hat, weil sie keine Angst haben muß! Das Pferd tritt enorm unter: es trägt sich selber und die Reiterin leicht und selbstverständlich, das Genick ist auch im freien Galopp die höchste Stelle, Augen und Ohren bezeugen aufmerksames Mittun. »Western«-Reiten: auch das ist heute eine mögliche Alternative.

Suchen Sie, bis Sie diesen einen finden. Da Sie meist zu gutartig und tierlieb sind, sich hinterher bei Nichtpassen von ihm zu trennen, haben Sie jahrelang Angst, die Sie nicht haben müßten, wenn Sie geduldiger gewesen wären. Jahrelang – das lohnt doch ein halbes Jahr der Suche?

Und wenn Sie es gefunden haben, dann seien Sie ganz, ganz vorsichtig in der Wahl dessen, der es Ihnen zurecht oder gar erst zureitet! Die meisten Pferde werden bei diesem Prozeß erst recht verdorben.

Daß die Anforderungen sicheren, guten Reitens sich überallhin übertragen lassen, mag dieses Foto zeigen: ein südafrikanischer Reiter stellt sein Pferd im Rack (= schnellem Tölt) vor: schwebend leicht geht es am hohen Zügel in der Hand des jugendlichen Reiters, der – langes Bein, tiefes Knie, aufrechter Oberkörper – in vollendeter Balance reitet.

Seien Sie sicher, daß der- oder diejenige genau verstehen, was *Sie* von Ihrem Pferd wollen, und daß es für *Sie* geritten werden soll, nicht für den nächsten Profi, nicht zum Angeben im Verein. Und nehmen Sie Ihr Pferd sofort weg, wenn der Einreiter es in einen dunklen Stall sperrt, es mit Hilfszügeln verschnürt, ihm grob »Manieren beibringt«.

Dann machen Sie's in Gottesnamen lieber selber. Es gibt vorzügliche Bücher auch zu diesem Thema. Lesen Sie sie sorgfältig, versuchen Sie es mit »Schritt um Schritt«, nehmen Sie ein Kind, einen verständnisvollen Jugendlichen zur Hilfe (beaufsichtigen Sie ihn oder sie); gehen Sie mit Ihrem Pferd spazieren – da können Sie wenig falsch machen.

In dieser Zeit des Massen-Wettkampf-Wahns machen gerade professionelle Zureiter die tollsten Fehler, weil sie einfach nicht begreifen, daß nicht jedes Pferd auf Gedeih oder Verderb auf den Wettkampf »hingebogen« werden muß. Ich habe schon total verdorbene Pferde bei mir gehabt, die aus dem Trainingsstall von Weltmeistern kamen – und hinterher verschenkt wurden, weil die Besitzer sie nicht mehr zu reiten wagten. Spazierengehen wäre besser gewesen: dann hätte irgendwann ein verständnisvoller Mensch Pferd und Reiter gemeinsam in die Volksschule des Reitens nehmen können.

Was möglich ist
Wir erleben seit dem letzten Krieg
eine Öffnung auch der reiterlichen
Möglichkeiten zur »Welt« hin, die
geradezu phantastisch ist – wenn
auch von der breiten Masse der
Reiter oft noch kaum wahrgenommen.
Über 30 000 Islandpferde werden
jetzt bei uns geritten, die Zahl der
Westernpferde und der ihnen zuge-
ordneten Reitweise nimmt rasant
zu, töltende Großpferde kommen
aus Brasilien und Nordamerika,
aus Mittel- und Südamerika zu uns.

Möglichkeiten überall: möchten Sie
reiten, ohne trabend geworfen zu
werden? Kaufen Sie einen Tölter – es
gibt sie schon in den verschiedensten
»Ausführungen«. Auf unserem Bild ein
überaus sicherer, sanft gehender Paso
Fino, der die Reiterin erschütterungsfrei
vorwärtsträgt.

Sogar Kaltblüter oder schwerste Warmblüter (etwa die Friesen) werden als Reit- und Wagenpferde geradezu modern. Fortschrittliche Menschen orientieren sich über die ganze bunte Palette, ehe sie sich von den noch Engstirnigen einreden lassen, nur das zu Dressur- und Springsport hinführende Reiten sei möglich.

Sehen Sie sich um, ehe Sie ein Pferd kaufen oder Reitunterricht nehmen. Wählen Sie das, was sicher, ruhig, gelassen ist – sowohl was die Pferde oder eine bestimmte Rasse oder den Reitunterricht angeht. Tun Sie, was Ihnen Spaß macht!

Es gibt schon genügend Ausbildungsstätten, die sich auf Sie als Kunden eingestellt haben und Sie bekannt machen mit Wanderreiten, Distanzreiten, mit Spielen zu Pferde, mit dem richtigen Umgang mit Pferden.

Suchen Sie!

Und machen Sie sich klar, daß Ihre Ansprüche grundsätzlich anderer Art sind: der alternde Mensch sucht andere Qualitäten als der jugendliche, der körperlich schwächere andere als der kerngesund sportliche. Wobei es durchaus sein kann, daß die gut gerittenen Pferde mit eisernem Nervenkostüm, die wir als Begleiter späterer Jahre suchen, teurer sind als die ein bißchen verzogenen oder übermütigen, die uns zu Anfang unserer Reiterlaufbahn begleiten.

Wie vorsichtig Sie aber auch beim Kauf vorgehen – es kann sich immer herausstellen, daß das Pferd nicht das richtige ist. Verkaufen Sie es sofort wieder!

Wenn schon zunehmend Ehen geschieden werden, weil Menschen nicht zueinander paßten, wäre es töricht, ein nicht passendes Pferd zu behalten. Sich »zusammenzuraufen« hat dann keinen Sinn, wenn dieser Prozeß mit steigender Angst verbunden ist. Jemand anders wartet vielleicht gerade auf dieses Pferd – und das zu Ihnen passende wartet irgendwo auf Sie.

Den folgenden Artikel fand ich vor Jahren in einer englischen Zeitung:

Eine der schönsten Reitstunden, die ich je hatte, war die, in der ich entdeckte, daß meine Angst verschwand – sie verflüchtigte sich einfach, als ich mich darauf konzentrierte, *mein Pferd zu entspannen und ihm die Furcht zu nehmen.* Ich befaßte mich mit dem Gefühl des Pferdes, beruhigte es in einer Sprache (meines Körpers, meiner Stimme), die es verstand.

Die Angst, das Pferd und ich – hat man ein paar Jahre Unterricht genommen oder gegeben, weiß man, daß Angst letztlich ein Fehler ist – einer, der immer wiederkehrt. Allgemeine Angst, spezielle Angst – vor dem Galoppieren, dem Springen, vor dem Pferd. Analysiert man die Angst, zerlegt man sie in ganz kleine Stücke, so hilft das schon, sie zu vertreiben.

Angst analysieren: wenn Sie merken, daß Sie sich in einer ganz bestimmten Situation immer wieder fürchten, arbeiten Sie die Situation im Geiste so lange durch, bis Sie den genauen Grund für die Angst gefunden haben. Und exakt diesem Grund gehen Sie aus dem Wege. Warten Sie ab, bis Sie davor keine Angst mehr haben.

Ängste verstehen – wie sehen es andere?

Furcht vor dem Unbekannten ist eine der Wurzeln der Schwierigkeiten mit dem Pferd. Deshalb ist es so wichtig, viel über Pferde zu lernen: was sie tun und nicht tun, was man mit ihnen machen und nicht machen kann. Je mehr man weiß, um so mehr wächst das Vertrauen. Und damit die Sicherheit.

Viele Leute haben die aus Cowboy-Filmen stammende Vorstellung, Pferde galoppierten die ganze Zeit. Aber wenn man das Pferd sich selbst überläßt, wird es in 24 Stunden 20 grasen. Seine freiwillige Aktivität richtet sich allein auf das, was notwendig ist, den nächsten Grashalm zu erwischen. Nur wenn man es aufscheucht, galoppiert es.

Nur wenn man ihm beim Reiten seine eigenen Furchtsignale mitteilt, wird es die schrecklichen Dinge tun, die man ihm sozusagen suggeriert. Kurze, stramme Zügel und kurze Bügel mit angeklammerten Knien vermitteln dem Pferd ganz klar die Spannung des Reiters.

Kontrolle durch Loslassen

Richtige Kontrolle über das Pferd erreicht nur jemand, der im Gleichgewicht sitzt und lernt, das Pferd mit seinem ganzen Körper zu beeinflussen, nicht nur mit Händen und Füßen.

Wie aber soll man den Zügel halten? Was ist zuviel, was zu wenig? Schlingen Sie ein paar Zügel oder einen langen Strick um eine Stuhllehne und ziehen Sie daran.

Völliges Vertrauen des Reiters in sein Pferd, des Pferdes in seinen Reiter: wieder ein »schwieriges« Pferd, das sorgfältig gelernt hat, ganz ohne Zwang auf seinen Reiter hinzuhören, eine Reiterin, die – ganz ohne Zwang – gelernt hat, ihren Körper in fein abgestimmter Balance dem des Pferdes anzupassen, bis eine leichte Gewichtsverlagerung, ein Anlegen der Hand, ein sanfter Druck des nach unten federnden Unterschenkels die Änderung der Gangart oder der Richtung erwirkt: Keine Turnierübung, sondern eine Vertrauensübung daheim, auf der Wiese oder dem Reitplatz. Sicherheit = Angstfreiheit in höchstem Maße.

In dem Moment, in dem der Stuhl ausbalanciert ist (also weder nach vorn noch nach hinten fällt, sondern in der »Kippe« ist), wird das Gewicht des Zügels in den Händen ganz leicht. Genau dieses Gefühl sollte man beim Reiten haben.

Im täglichen Leben gibt es nur wenige Vergleichsmöglichkeiten für das Gefühl, wie die Zügel in den Händen liegen sollten. Auto-Lenkrad oder Fahrrad-Lenker z. B. haben kein Eigenleben und reagieren völlig anders als ein sensibles Pferdemaul.

Auch ist es ein Irrtum, zu glauben, manche Leute seien mit »guten Händen« geboren. Sie sind sensibel, sie haben Gefühl oder haben Gefühl entwickelt, so können sie gute Hände haben. Das ist alles. Jeder Mensch mit Gefühl kann sie haben. Wichtig ist nur, zu lernen, wie man die Hände stillhält. Macht man beim Reiten alle Bewegungen des Pferdes mit, so hat man sie nicht unter Kontrolle. Und wer sich selbst nicht kontrollieren kann, kann erst recht sein Pferd nicht kontrollieren.

Lassen Sie sich ausnahmsweise einmal longieren. Nehmen Sie in jede Hand einen kurzen Stock. Halten Sie beide aufrecht. Bewegen sich die Stöcke kaum noch, während Sie traben, ersetzen Sie sie durch zwei Gläser mit Wasser. Wird kein Wasser verspritzt, haben Sie das Schlimmste schon geschafft!

Wer hat die Angst – das Pferd oder Sie?

Unterscheiden Sie zwischen Ihrer Angst und der Ihres Pferdes. Wovor Sie Angst haben, wissen Sie inzwischen. Aber wovor hat Ihr Pferd Angst? Manche Tiere sind – wie manche Menschen – ängstlicher oder schreckhafter als andere. Instinktive Reaktion jedes Pferdes auf Angst ist die Flucht.
Hier ein paar spezielle Pferdeängste (beileibe nicht alle!)

1. Junge Pferde haben Angst, angefaßt zu werden.

2. Ein Pferd, das nicht springen mag, hat sehr oft Angst davor, daß der Reiter ihm im Maul weh tut, ihm hart in den Rücken knallt.

3. Ein verkehrsscheues Pferd hat Angst vor lauten, sich schnell bewegenden Objekten.

4. Ein Pferd, das den Stall oder die Kameraden nicht verlassen mag (klebt), hat Angst vor dem Alleinsein oder vor dem, was ihm »da draußen« begegnen könnte (Stallpferde ohne Außenwelt-Kontakt).

5. Ein Pferd, das nicht in den Transporter will, hat Angst vor dem engen, dunklen Raum und vor schlechten Erfahrungen bei früheren Reisen (zu schnelles Fahren, zu enge Kurven, zu abruptes Stoppen).

Alle diese Ängste können durch geduldiges Gewöhnen und besseres Reiten überwunden werden – auf die für Pferd und Reiter einfachste Weise.

Für den Pferdebesitzer ist es sehr wichtig, unterscheiden zu lernen, ob das Pferd Angst hat, faul oder eigensinnig ist. Das dauert eine Weile (alle Schuld zunächst beim Pferd zu suchen, bringt überhaupt nichts), aber die Zeichen der Angst sind leicht zu erkennen.

Zeichen der Angst

Am auffallendsten ist ein Anspannen und Hartwerden der Muskeln, vor allem am Hals. Einige Pferde biegen den Hals, werfen den Kopf hoch und beginnen nervös zu trippeln. Möchte sich ein Pferd mit Gewalt vom führenden Menschen oder dem Anbinder losreißen, so kann dies ebenfalls auf Angst hinweisen. (Weshalb es so wichtig ist, ein junges Pferd zunächst mit Geduld und Energie daran zu gewöhnen).

Manche Pferde tun das auch, weil sie früher damit durchgekommen sind und es zur schlechten Gewohnheit geworden ist. Zwischen Angst und schlechter Gewohnheit zu unterscheiden, ist schon schwieriger. Beim ersten Versuch, sich loszureißen, war zweifellos Angst die Ursache. In unerfahrenen Händen versucht es das Pferd dann immer wieder und lernt auf diese Weise, Schrecken auszuweichen: »Flucht« wird zur Gewohnheit!

Versuchen Sie zur Überwindung immer zuerst das einfachere – Schläge, ja, sinnlose Prügel verderben ein im Kern gutes Pferd immer mehr (und dennoch: wie oft erlebt man sie auf jedem Verladeplatz!) Eine allgemeine Regel: befassen Sie sich mit den Dingen, die es erschrecken, aber tun Sie es langsam und schrittweise (z. B. beim Verladen nie in dem Moment, wo Sie zu einer weit entfernten Veranstaltung aufbrechen! 2 Wochen vorher, jeden Tag 20 Minuten – das hilft.)

Fassen Sie bei jedem Ritt eine bestimmte Furcht ins Auge, und bringen Sie Ihr Pferd dazu, dasselbe zu tun! Am leichtesten ist es mit den Ängsten, die Schritt um Schritt überwunden werden können.

Wenn Ihr Pferd vor bestimmten Dingen scheut, reiten Sie so oft wie möglich daran vorüber, sitzen Sie ab, führen Sie es heran, loben Sie es – viel besser ist es, Zeit an eine Sache zu geben als ständige Angst! Ängstigt Sie (und Ihr Pferd?) das Springen, so reiten Sie über Stangen am Boden, immer wieder. Denken Sie nicht, das sei albern. Für das Pferd ist es gut, auf den Boden zu sehen und sich seinen Weg sorgfältig zwischen wahllos hingeworfenen Gegenständen zu suchen. Reiten Sie über Stangen, bis es Ihnen zu den Ohren hinauswächst! Erhöhen Sie sie nur ganz allmählich, über Tage hinweg…

Überwinden Sie die eigene Angst

1. Erkennen Sie sie. Sehen Sie Ihrer Angst ins Gesicht. Geben Sie´zu, daß sie existiert. Mädchen haben mehr Angst als Jungen – aber die meisten Reiter sind Mädchen.

2. Verbringen Sie mehr Zeit mit den Pferden. Kümmern Sie sich um sie, nicht nur beim Reiten. Vertrautheit führt zur Zufriedenheit in einer glücklichen Mensch-Pferd-Beziehung. (Aber denken Sie nie, Sie könnten ein Pferd bestechen, mit Karotten, mit Zucker! Es wird sie nehmen – und im entscheidenden Moment total vergessen.)

3. Arbeiten Sie beim Ausprobieren von neuem immer auf möglichst kleinem Raum. Vermeiden Sie jedes Risiko! Reduzieren Sie nach und nach die Zahl der Dinge, die schiefgehen könnten.

4. Arbeiten Sie nur mit einem Pferd, mit dem Sie auch umgehen können, selbst wenn es kein »Kirchenlicht« ist.

5. Reiten Sie abwechselnd in der Bahn und draußen, damit Sie keine Angst vor der freien Natur entwickeln. Ich sah einmal eine Reiterin, die das ganze Jahr in einer Bahn ritt und nun eine Woche Reiterferien machte. Das Pferd benahm sich erstaunlich gut, aber die Reiterin mußte dauernd überredet und beruhigt werden!

6. Haben Sie keine Angst vor der Angst! Betrachten Sie sie als einen Feind, nicht als einen Eroberer.

7. Seien Sie Ihr eigener Lehrer. Erlauben Sie der Furcht nicht, Sie zu hypnotisieren zu einem Wesen, das schreckliche Dinge widerstandslos über sich ergehen läßt.

8. Ängstliche Kinder sind besonders gefährdet. Erwachsene können da erschreckend dumm sein. Alles, was ich zu Hause bei Berichten über das Fallen erntete, war Gelächter. Ich litt ganz schrecklich. Inzwischen habe ich bei vielen kleinen Mädchen Liebe und Angst vereint gesehen und bin überzeugt, sie leiden alle.

Was hilft denn nun?

Genau zu wissen, was Angst ist und wie man sie angeht. Zu wissen: Furcht entsteht, wenn man sich ein künftiges Ereignis als gefährlich vorstellt! Manche Leute finden es rundum erholsam, auf dem Pferd zu sitzen – ich hingegen sehe bereits angstvoll dem nächsten Ereignis entgegen: dem nächsten Galopp, dem Graben, der tückischen Hauptstraße. Aber wenn ich es genau weiß, kann ich es vergessen! Genau zu wissen, daß meine Angst sich auf das Pferd überträgt! Es ist ein böser Zirkel: das Pferd versteift sich aus Angst, der Reiter fühlt es und versteift sich aus Angst vor der Angst des Pferdes, dieses fühlt den Reiterkörper starr werden und wird damit in der eigenen Angst bestätigt. Und so weiter…

Und das Pferd verspürt auch den Zustand unseres Geistes, wie immer er übermittelt werden mag: durch Telepathie, durch die elektrischen Gehirnströme, Zunahme des Adrenalins, verändertes Verhalten, unwillkürliches Zögern vor Dingen, von denen wir denken, sie könnten das Pferd erschrecken. Das Pferd fühlt, ob wir ängstlich oder ruhig sind.

Also: was tun?

Alles, was wir bisher besprochen haben.

Aber: an die Sorgen im Geschäft zu denken oder an das abendliche Fernsehprogramm vertreibt die bohrende Angst nicht. Etwas anderes tut's, etwas, das immer hilft, wenn man nur ernsthaft daran arbeitet: Zuerst dem Pferd zu helfen, seine Angst zu überwinden.

Ein Pferd beherrschen wollen – hilft das, Ängste abzubauen?

Ich sagte zu Anfang dieses Buches: »Angst hat viele Gesichter – ich werde versuchen, das Problem von möglichs vielen Seiten aus anzugehen.«

So will ich Ihnen nun auch einen Aspekt nicht vorenthalten, der in wieder einer Leserzuschrift geäußert wird.

»Ich möchte auf ein Paradoxon hinweisen, das geeignet ist, Angst abzubauen, auch wenn scheinbar das Gegenteil erreicht wird. Mir hat es jedenfalls sehr geholfen. Als ich vor einigen Tagen den Offenstall ausmistete, umgeben von vier lästigen Gäulen, kam mir plötzlich der Gedanke: ›Ihr seid fast so groß wie Nashörner. Wenn ihr wolltet, könntet ihr mich auf der Stelle umbringen.‹ Und obwohl sie das eigentlich nicht zu tun pflegen, bleibt die Tatsache: sie könnten es!

Im Grunde braucht ein Pferd sich nicht reiten, nicht einmal führen lassen, wenn es das nicht will. Es ist stärker als der stärkste Mensch, und daß wir intelligenter sind, hat nicht viel zu sagen: der Mensch ist auch intelligenter als ein Nashorn.

In Verfolgung dieses Gedankens kommt man schnell zu der Erkenntnis: kein Mensch kann ein Pferd wirklich beherrschen!

Und in der Forderung so vieler Reitlehrer, man müsse sein Pferd beherrschen, liegt vieler Übel Kern…

Ich bin überzeugt, daß gerade viele ängstliche (und viele schlechte) Reiter sich diese Forderung zueigen machen. Im Unterbewußtsein aber wissen die Ängstlichen (die nur schlechten Reiter vermutlich nicht), daß das nicht möglich ist. Und diese Diskrepanz zwischen Illusion und Realität ist angsterzeugend, denn sie besagt nichts anderes als: ›Ich sitze auf einem Tier, das ich beherrschen muß, sonst bringt es mich um. Man kann es aber nicht beherrschen.‹

Ich glaube, daß der reichliche Gebrauch von Hilfszügeln nichts anderes ist als ein unbewußter Ausdruck von Angst. Wenn ich im Wald einem Reiterkollegen begegne, der sein Pferd in ein ganzes Arsenal von Leder verschnürt hat und es krampfhaft am Zügel festhält, dann habe ich Mitleid mit ihm, der versucht, sein Pferd zu beherrschen, und der irgendwo weiß, daß er genau das nicht kann, und der gerade darum *Angst* hat.

Die Illusion, daß man sein Pferd beherrschen kann und muß, erzeugt viele der Probleme mit Pferden. Bin ich nur auf »Beherrschung« aus, behindere ich automatisch den Dialog, die Verständigung mit dem Pferd; und jeder Reiter weiß, daß es immer sehr gefährlich wird, wenn aus irgendeinem Grunde der fühlende Kontakt mit dem Pferd verlorengeht. Solange ich mit meinem Pferd ›im Gespräch‹ bin, passiert normalerweise wenig.

Für mich liegt hier auch der tiefste Unterschied zwischen guten und schlechten Reitern, egal welcher Reitweise. Die guten Reiter sind in ständigem Kontakt mit ihrem Pferd, die schlechten sind es nicht. Hier ist sicher unter die ›guten‹ auch der sogenannte Naturreiter einzuordnen – der Mongolen, Indianer, Araber usw. –, der sich über die Beherrschung seines Pferdes nie Gedanken macht, es ist kein Thema für ihn: er kennt es, er hat es angelernt, er weiß, was es kann, und vertraut ihm – und umgekehrt. Dabei reiten diese Naturvölker auch noch Pferde, die besonders schlecht beherrschbar sind: Mustangs, Mongolenponys, Araber. Wir aber ›beherrschen‹ auf Rittigkeit gezüchtete Warmblüter…

Man sollte meinen, es vergrößert die Angst, wenn man weiß, daß man sein Pferd nicht beherrschen kann. Stimmt – aber es zwingt auch zu Folgerungen, die dann wieder Angst abbauen helfen.

Als Reiter hat man nach dieser Einsicht nur zwei Möglichkeiten: entweder das Beherrschen-Wollen aufzugeben oder das Reiten. Ich entschloß mich zu ersterem und versuchte statt dessen, mich mit meinem Pferd anzufreunden. Und da gibt es eine Menge erfreulicher Aspekte.

So ungefähr war mein Gedankengang, als ich meinen jungen Vollblutaraber einreiten mußte. Heute weiß ich, daß ich mit diesem Hochblutpferd beinahe überfordert war, und sicher hätte es ein böses Ende genommen, wenn ich dieses Pferd hätte beherrschen wollen. Indem ich mir meine Angst eingestand, mußte ich Wege ersinnen, ihn doch noch zu reiten: ich suchte die Kommunikation mit ihm und tat alles, um ihn kennenzulernen (und er mich!!). Um mich mit ihm anzufreunden in der Hoffnung: ›Einem Freund tut man nichts.‹

Mein Verzicht darauf, das Pferd beherrschen und in absoluten Gehorsam zwingen zu wollen, hatte noch einen anderen Effekt: ich bemerkte, daß ich es gar nicht beherrschen mußte.

Es wollte mich nämlich nicht umbringen und sich selbst schon gar nicht. Es war nicht unbedingt wild darauf, sich vor einen Omnibus zu werfen. Und ich fing an, meinem Pferd zu vertrauen – was nicht bedeutet, daß ich allzu vertrauensselig bin. So würde ich es natürlich nicht von einem kleinen Stoppelfeld auf eine Straße galoppieren lassen!

Und, ganz wichtig: ein Pferd nicht beherrschen zu wollen, bedeutet natürlich nicht, sich seinen Launen auszuliefern. Ich beherrsche das Pferd nicht, aber das Pferd soll mich natürlich auch nicht beherrschen!

Ich habe den Verdacht, daß Reiter, die ihre Pferde dauernd zwingen und beherrschen wollen, eine sehr schlechte Meinung von ihnen haben. Sie müssen sie für sehr dumm und gefährlich halten, wenn sie glauben, ihnen jeden Schritt vorschreiben zu müssen. Wenn ich eine so schlechte Meinung von meinem Pferd hätte, würde ich es nicht reiten, da ich viel zu viel Angst hätte.

Ich kann ängstlichen Reitern nur immer den Rat geben, alle Reitschulen zu meiden, in denen – meist begleitet von markigen Sprüchen – gelehrt wird, daß man sein Pferd beherrschen müsse, statt den Reitern beizubringen, wie man einen engen und sinnvollen Kontakt zu ihm bekommt.

Nach dem, was ich heute weiß, würde ich immer versuchen, das Reiten bei netten Leuten privat zu lernen oder mich Reken oder ähnlich fortschrittlichen Institutionen anzuvertrauen. Unsere Haflinger z. B. haben schon vielen Leuten sehr nett das Reiten beigebracht – und alles, was so dazugehört. Auf diese Art findet man zwar keinen FN-Reitlehrer und lernt keine L-Dressur (wo lernt man die schon in der Reitschule?) Hat man dann einmal die Angst verloren und Ehrgeiz gewonnen, kann man ja immer noch den Weg nach Olympia einschlagen.«

Marcella Heer,
Köln

Angst überwinden – aus Liebe zum Pferd?

Obwohl ich diese Methode für die kritischste halte, möchte ich sie Ihnen doch nicht vorenthalten – da es kein Patentrezept gegen die Angst gibt, hilft dem einen oder anderen vielleicht auch diese Erfahrung, die eine der Leserinnen von *Freizeit im Sattel* anschließend schildert:

Ich habe auch viel Angst beim Reiten ausgestanden; und manchmal habe ich immer noch »Schmetterlinge« im Bauch. Ich begann erst mit 49 Jahren zu reiten – zum Glück bei einem Kurs nach Rekener Art. Da hatte ich keine Angst; es war aufregend und machte Spaß.

Ich wollte mir dann eine sanfte Islandstute fürs Gelände kaufen, wie meine Tochter eine hatte. Aber – wie das Herz so entscheidet: ich kaufte mir einen kleinen, lieben und temperamentvollen achtjährigen Araberhengst (!!), der gleich gelegt wurde.

Ich tat also genau das, wovor UB mit Recht immer warnt. Und damit begann meine Lehrzeit und meine Angst; denn das Tempo bestimmt mein lieber Gaul – und er liebt schnelles Tempo! Langsam diente ich mich hoch. Das war möglich, weil Farouk einen so guten Charakter hat, er gut erzogen war, mir liebe Leute, vor allem meine Tochter, geholfen haben und ich mir viel Zeit gelassen habe. Wenn z. B. meine Angst, eine bestimmte Strecke zu traben, zu groß war (weil Farouk vielleicht wieder losrennt), habe ich es gelassen, und zwar so lange, bis von innen her eine Sicherheit gewachsen war, mit der ich es dann wagte. Allerdings muß ich auch sagen: wenn ich so lange gewartet hätte, bis ich gar keine Muffe mehr hätte, dann wäre ich nie mehr in den Sattel gestiegen.

Nach anderthalb Jahren nahm ich mit Farouk an einem Rekener 11-Tage-Kurs teil, ein Jahr später an einem Kurs für Pferdebesitzer. Meine Sicherheit wuchs. Jetzt, nach dreieinhalb Jahren und nachdem ich zwei Wochen bei einem Treck auf Arabern in Tunesien mitritt, erkennt Farouk an, daß *ich* das Tempo angebe.

Es war ein langer Weg, und manchmal wollte ich aufgeben. Aber unser Miteinander wurde immer besser, und ich denke, daß unser Vertrauen zueinander noch wachsen wird. Mein Herz hat genau das richtige Pferd für mich ausgesucht.

Meine Geschichte mit Farouk ist für mich ein Stück »Leben lernen«. Ich war sehr krank und habe dann so ein dickes, rundes, warmes Stück Leben erworben, das mich lockt, mich seiner Kraft anzuvertrauen und Ungewohntes zu wagen. Ich habe erfahren, wie sich Angst in ein unbeschreibliches Glücksgefühl verwandeln kann.

Inzwischen haben wir vier Pferde hinter dem Haus, und das Zusammenleben mit ihnen ist mindestens so schön wie das Reiten. Ich würde mich freuen, wenn mein Bericht jemandem – und vielleicht gerade jemand Älterem – den Mut gibt, sich viel Zeit zu nehmen und dann dem eigenen Gefühl zu vertrauen.«

Beate Köhler,
Kirchzarten

Hinzuzufügen bleibt am Ende dieses Kapitels nur, daß man alle Umstände, die das Reiten begleiten, ganz besonders gründlich erwägen sollte, ehe man als ängstlicher Mensch den Schritt zum eigenen Pferd wagt: Ist die Umwelt, in der man reiten möchte, sicher – nicht von Verkehrswegen durchzogen, nicht zu gebirgig, mit guten sandigen Wegen? Sind genügend Helfer da, wenn einmal ein Unfall passiert? Kann man das Pferd regelmäßig bewegen und auch lange genug? Sind ausreichende Koppeln zum Toben und beruhigenden Grasen vorhanden, so daß nicht zuzüglich noch mit Stallmut gerechnet werden muß? Ist der Mensch, der vielleicht das Pferd zwischendurch auch reitet, aus Überzeugung bereit, sehr vorsichtig und ruhig zu sein? Es leuchtet ja ein, daß ein Pferd, das z. B. von einem älteren Reiter gelassen geritten werden soll, es nicht gut verträgt, wenn zwischendurch ein Kind mit ihm durch die Gegend saust!

Alles, was in diesem Buch über den Erwerb eines Pferdes gesagt wurde, gilt für den ängstlichen und älteren Reiter doppelt: Geduld haben beim Aussuchen, lieber etwas mehr Geld für ein gut gerittenes Pferd aus solidem Stall ausgeben – und sehr, sehr sorgfältig sein in der Wahl dessen, dem man seinen und seines Pferdes Unterricht anvertraut.

Noch etwas dazu, daß hier so viele Zuschriften veröffentlicht wurden. Natürlich hätte ich sie alle zu eigenem Text umarbeiten können, aber da Angst etwas so ganz persönliches ist, etwas, das jeder Reiter anders empfindet, dessen Überwindung so unterschiedliche Wege geht, fand ich es richtiger, auch ganz unterschiedliche Menschen zu Wort kommen zu lassen – zum Nutzen der Leser.

Eine breit angelegte Studie der Universität Amsterdam befaßt sich im Auftrag des Ministeriums für »Welzijn, Volksgesondheit en Cultuur« (also dem Gesundheitsministerium) mit dieser Frage, geht den Ursachen von Sportunfällen nach und gibt Ratschläge zu ihrer Verhinderung.

Im Rahmen dieses Buches geht es uns natürlich um das Reiten. Die Beobachtungen und Schlußfolgerungen basieren auf Untersuchungen in Holland, Deutschland, England und den USA und ziehen medizinische Berichte aus diesen Ländern hinzu. So entsteht ein ziemlich umfassendes Bild; die Ergebnisse decken sich mit meinen eigenen Erfahrungen.

Da die Frage nach Unfällen direkt das Problem der Angst angeht, möchte ich hier die zusammengefaßten Ergebnisse abdrucken und kurz kommentieren.

Zuerst wird festgestellt, daß das Reiten, was die reine *Zahl* der Unfälle angeht, an zehnter Stelle der Sportarten steht, was die *Schwere* der Unfälle angeht, jedoch an zweiter Stelle!

In der Zusammenfassung der sehr umfangreichen Studie heißt es:
»Die Mehrzahl der Verletzungen entsteht an der oberen Körperhälfte; Kopf, Schlüsselbein, Schultergelenk sind am meisten betroffen. Kopfverletzungen gehen fast immer mit Gehirnerschütterungen einher; auch Brüche und Blutergüsse sind häufig. Im Vergleich mit anderen Sportarten tritt häufiger die eine oder andere Verletzung der Wirbelsäule auf, nicht selten mit Querschnittlähmungen. Das alles sind ernsthafte Verletzungen.«

Sportunfälle – und wie sie verhindert werden können

Das soll hier nicht etwa in abschreckender Weise erwähnt werden, sondern soll dem Ängstlichen helfen, sich gegen leichtfertiges Handelns von Reitlehrern und Mitreitern erfolgreich zu wehren. »Ohne Sturz kein Reiter«, »Nehmen Sie's doch nicht so wichtig – jeder fällt mal« – sind angesichts der aufgeführten Tatsachen gewissenlose Bemerkungen, die sich kein Reitschüler gefallen lassen sollte!

Zumal die Hauptursache für alle Unfälle das Stürzen vom Pferd ist. In ca. 50–75% aller Fälle wurde dies als Ursache angegeben. Andere angegebene Gründe sind: Fall des Reiters mit dem Pferd, Fall des Pferdes auf den Reiter, ein Schlag des Pferdes, ein Biß, Hochschlagen des Pferdekopfes, Verstricken im Zügel, Abbrechen des Steigbügels, Hängenbleiben im Bügel u.a.m.

Reiten bitte nur mit Handschuhen! Sie müssen griffig (also nicht aus Wolle) sein und dürfen nicht zu knapp sitzen.

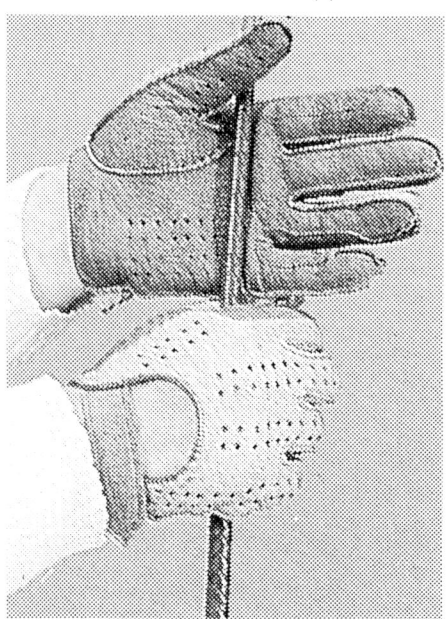

Der richtige Steigbügel trägt sehr zum angstfreien Reiten bei. Beim Sturz darf er den Fuß nicht festhalten. Hier löst sich auf bestimmten Druck der Steigbügel mit dem Fuß.

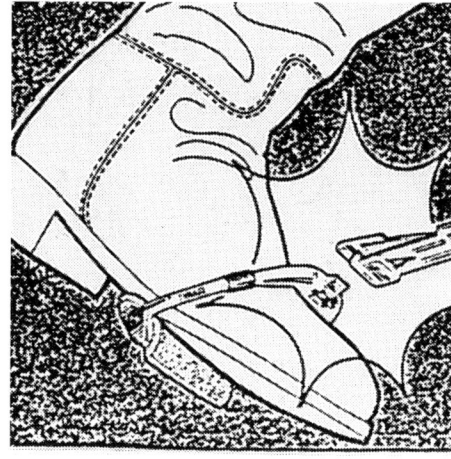

Die nächsten Fragen galten der Reiterfahrung zum Zeitpunkt des Unfalls.

Im allgemeinen läßt die Unfallhäufigkeit nach mit zunehmender Erfahrung, zumindest was die Schwere des Unfalls angeht. Das heißt, je mehr man vom Pferd und vom Reiten weiß, um so mehr nimmt man sich in acht, um so gelinder sind die Stürze oder sonstige Unfallursachen.

Eine wichtige Frage ist die nach den wöchentlichen Stunden im Sattel: ganz eindeutig läßt die Unfallgefahr nach, wenn wöchentlich mehr geritten wird. Also je öfter man reitet, um so mehr paßt sich der Körper den Bewegungen des Pferdes an. Je »ungeübter« ein Körper ist, je weniger sich der Instinkt den Gegebenheiten anpassen kann, um so ungeschickter reagieren Körper und Geist auf unvorhergesehene oder auch abzuschätzende Bewegungen des Pferdes.

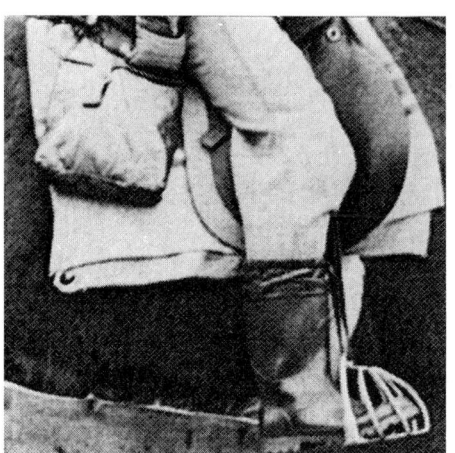

Dieser Camargue-Steigbügel ist superbequem, und er gibt den Fuß jederzeit frei, weil er locker darin steht.

Beim Doppelgelenk-Steigbügel ist die Auflagefläche beweglich. Sie soll sich beim Sturz abkippen.

Bei der Frage nach dem Alter des Reiters beim Unfallgeschehen sind sich die Experten nicht so recht einig: sicher ist nur, daß beim Sport die jüngeren, beim Draußenreiten die Älteren etwas gefährdeter sind. Gegen erstere spricht ihre größere Waghalsigkeit (sie riskieren einfach mehr), gegen letztere die zunehmende Ungeschicklichkeit des Körpers.

Hat die Schnelligkeit des Pferdes etwas mit den Unfällen zu tun? Ganz entschieden! Je schneller ein Pferd geht, um so häufiger und um so schwerwiegender sind die Unfälle. Das heißt im Klartext: im Schritt passiert am wenigsten, im Trab schon ein bißchen mehr (der Körper muß sich schnellerer Bewegung anpassen, das Pferd reagiert – etwa, wenn es erschrickt – unvorhergesehener), im Galopp passieren die meisten Unfälle.

Am Bauchgurt sollte man nie sparen. Wenn er reißt, kann es zu schweren Unfällen kommen.

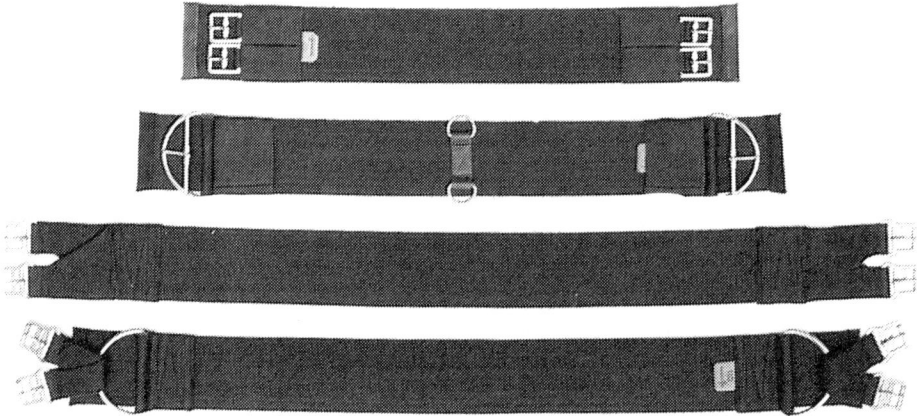

Das ist deshalb unnötig, weil der Galopp die angenehmste aller Gangarten ist, wenn, ja wenn der Reiter selber vernünftig ist. Der Galopp soll wiegend, sanft, rhythmisch sein, soll dem Pferd jeden Anlaß zum Durchgehen nehmen, soll es einschwingen lassen in eine schöne, erfreuliche Gangart...

Was aber passiert? An irgendeiner immer gleichen Stelle wissen die Pferde: gleich geht es los! Sie heizen sich auf, die ganze Gruppe – meist reitet man ja zu mehreren aus – gerät in einen Zustand der Hektik, und wenn man dann die Zügel schießen läßt, geht die wilde, verwegene Jagd auf die Reise!

Die Pferde behindern einander, sie wollen einander überholen, sie schauen nicht mehr rechts und links – und die Reiter natürlich auch nicht.

Was kann da anderes herauskommen als ein Sturz? Vor dem die meisten mit Recht Angst haben? Da gibt es kein Mitleid mehr: das sind selbstgebaute und selbstgewollte Ängste und Unfälle! Da ist nicht das Reiten gefährlich, sondern die Dummheit.

Schönes, solides Lederhalfter mit Messingbeschlägen

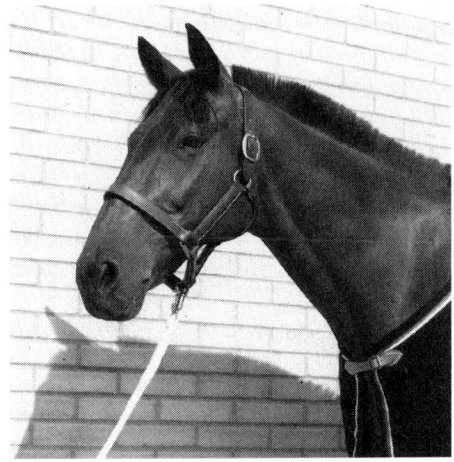

Hunderte Male bin ich in meinem Leben dieser Situation begegnet, bis ich einfach wegreite, wenn sich andere so dämlich benehmen – will ich denn, daß mein sorgfältig trainiertes Pferd, auf dessen Ausbildung ich unter Umständen Jahre verwendet habe, durch Schwachsinnige verdorben wird? Und wer bin ich denn, daß ich mir von derart geistig Unterbelichteten sagen lasse: »Stell dich doch nicht so an – komm, laß den Bock schießen – du bist doch sonst kein richtiger Reiter«?

Meine Pferde springen auf der Stelle in den Galopp, wenn ich nur daran denke. Und dann soll ich solche phantastischen Ergebnisse feiner Dressur von Leuten verderben lassen, die, um ihre Pferde in Galopp zu bringen, ihnen beide Beine in die Rippen hauen? Ich meine, wo kommen wir denn da hin? Ist denn Reiten – elegantes, feines, angstfreies Reiten – ein Macho-Sport für Frustrierte geworden? Ohne mich!

Dieser Reithelm wird von SRF (Schweiz) empfohlen.

Galopp ist eine sanfte Gangart, die einfach anders ist als Trab oder Tölt, nicht aber notwendig schneller. Das muß man bedenken – dann ist es gefahrfrei und somit angstfrei.

Für viele Unfälle sind, der Untersuchung zufolge, auch Materialfehler verantwortlich: zu billiges Leder, zu schlechte Verarbeitung, zu enge Steigbügel. Wenn der Gurt aus schlechtem Leder reißt – Schuld des Käufers (oder des Vereins, der so schlechtes Zeug verleiht – gegen Geld!!), wenn der Bügel so eng ist, daß der Fuß des Stürzenden darin hängenbleibt – Schuld des Käufers, des Vereins, des Reitlehrers (der so etwas duldet!)

Wann immer man sich selber beritten macht, sollte man auf gutes, solides Sattelzeug achten: breite stabile Gurte vor allem, breite, sehr stabile Bügelriemen, breite Bügel – unbedingt Sicherheitsbügel, die den Fuß bei einem Sturz freigeben! Freilich hilft das beste Leder nicht, wenn es nicht regelmäßig und gründlich gepflegt wird! Leder wird sonst brüchig, und Stürze sind programmiert, falls unterwegs ein Bügelriemen oder gar ein Zügel reißt.

Unbedingt ist auch zum Tragen eines Reithelms zu raten. Suchen Sie aber nur einen aus, der nicht vor Ihnen am Boden ist, sondern fest und sicher sitzt und der fest abgefüttert ist mit erprobten Einlagen (TÜV-geprüft!) und mit einem weichen Schirm.

Wichtig ist auch die richtige, absolut gut passende Ausrüstung des Reiters: faltenlos sitzende Unterwäsche, Reithosen, die nicht aus Eitelkeit zu eng gewählt wurden, nicht drückende Stiefel oder Stiefeletten. Die bequemeren langen Jodhpurhosen, die mit kurzen Stiefeletten getragen werden, sind meist angenehmer als Stiefelhosen.

Jeans sind möglich, wenn man bereits einen Sitz ohne ständigen Kniekontakt erlernt hat (wie z. B. beim Westernreiten obligatorisch); sie können sonst, da die Nähte innen sitzen, drücken. Die Regenausrüstung soll ebenfalls leicht und luftdurchlässig sein.

Viel hat bei Unfällen auch der *Trainingszustand* sowohl des Reiters als auch des Pferdes zu tun. Schlecht ausgebildete Pferde (zu grobe Ausbildung, zu wenig Vertrauen zum Reiter, zu wenig Vertrauen in die eigenen Fähigkeiten) sind ein ständiger Gefahrenpunkt.

Wer Angst hat, sollte sich nur ein sensibel und vernünftig ausgebildetes Pferd kaufen, dem nie mehr abverlangt wurde, als es leisten kann. Ein Pferd, das wegen schlechter Ausbildung Angst hat, bereitet unweigerlich auch dem Reiter Angst.

Leuchtgamaschen:
notwendig bei jedem Nachtritt.

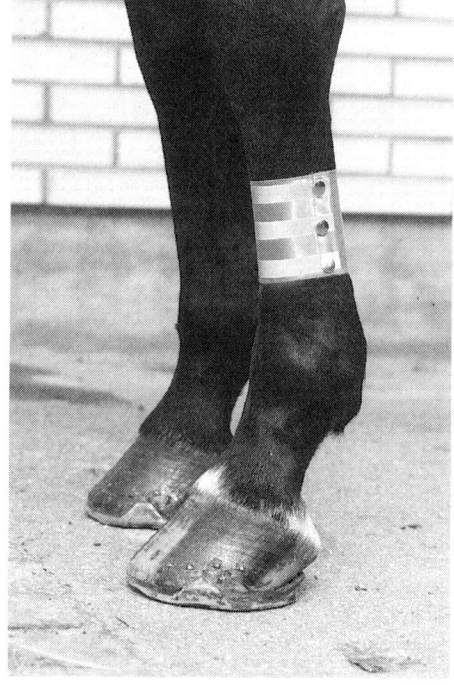

Als letzten Gefahrenpunkt von Wichtigkeit nennen die gelehrten Verfasser der Untersuchung die *mangelnde Aufmerksamkeit* des Reiters: er ist mit seinen Gedanken irgendwo anders – aber das geht nicht, wenn er auf einem lebendigen Pferd sitzt, dessen Gedanken eben auch ab und zu woanders sind! Von der Sekunde an, in der man an ein Pferd herantritt, um es zu besteigen und zu reiten, bis zu der Sekunde, wo man abgesessen ist, darf man nicht einen Augenblick lang seine Aufmerksamkeit abwenden. Wer das vergißt, muß mit Recht immer Angst haben!

Leuchtarmbinde:
Sicherheit für Pferd und Reiter.

Reiterlampe:
unentbehrlich in den Abendstunden.

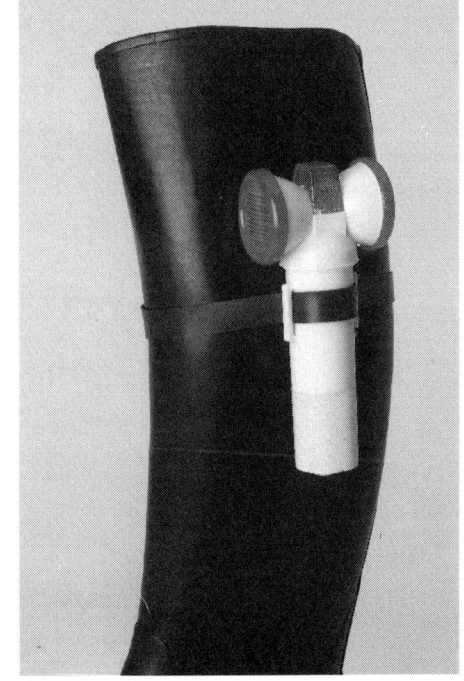

Und nun kommt eine Feststellung, die aufgrund ausführlicher Befragungen und der Auswertung zahlreicher Unterlagen so lautet:

Nach Auskunft der Beteiligten hätten 54% aller Unfälle vermieden werden können!

Das ist eine Feststellung, die ebenso erschreckend wie tröstlich ist: erschreckend, weil sie zeigt, wie unbekümmert, unbedacht und unaufmerksam die meisten Verunfallten geritten sind, tröstlich, weil sie zeigt, daß wir mit Verstand, Umsicht, Gelassenheit und wachsendem Können viel weniger Unfälle zu erwarten haben.

Ich selber habe in mehr als 50 Jahren im Sattel von über 2500 Pferden nur ca. 14 Unfälle gehabt, die – bis auf die erwähnten Knöchelverstauchungen – harmlos verliefen. Man muß also nicht stürzen! Zumindest nicht oft und nicht gefährlich.

Was sagt die Studie nun zu präventiven Maßnahmen?

Dasselbe, was die Autoren der vorangegangenen Seiten sagten und was die FS seit Jahren rät (und was doch immer wieder so in Vergessenheit gerät, daß ich es hier wiederholen werde).

Vorbeugende Maßnahmen sind:

1. Training von Pferd und Reiter, mit Betonung auf
– Training des Gleichgewichtsgefühls im Sattel
– Rhythmusgefühl entwickeln statt des übertrieben geforderten Taktgefühls
– Erlernen des richtigen Sitzes ohne »Aussitzen«, das den Rücken viel zu stark belastet

2. Gute Pferdeausrüstung:
– solide verarbeiteter, dem Pferd gut passender, dem Reiter bequemer Sattel (schon wichtig, damit sich der Reiter nicht verkrampft), gut verarbeitetes Leder
– Sicherheitsbügel, die groß genug sein müssen für die jeweils gebrauchten Stiefel

– Schuhe oder Stiefel mit Absatz und glatter Sohle (grobe Sohlen müssen abgelehnt werden)
– Sicherheitshelm, der den strengsten TÜV-Anforderungen entspricht
– der Gebrauch von Handschuhen, die nicht aus Wolle sein dürfen.
Bei Ausritten am Abend oder im Nebel unbedingt am Pferdebein und Reiterarm Leuchtgamaschen, am Stiefel reflektierende Lampen anbringen! Pferd und Reiter sind in der Dunkelheit meist vom Autofahrer nicht zu erkennen.

3. Nachdrücklicher Hinweis auf die Wichtigkeit der Konzentration:
– andauernde Aufmerksamkeit
– nicht zu dichtes Aufreiten und niemals überholen
– nicht allein ausreiten

4. Das Pferd nicht zu stramm am Zügel halten.

5. Vor sportlichem Springen das Fallen üben.

6. Vor jedem Ritt aufwärmende und lockernde Körperübungen zu machen, wie das bei allen anderen Sportarten selbstverständlich ist. Dadurch werden Beweglichkeit und Durchblutung des Rückens gefördert.

7. Eine prophylaktische Tetanusimpfung.

8. In nasser Bekleidung nicht weiter reiten, als unbedingt notwendig ist.

9. Springen über kleine Hindernisse zu erlernen, damit sich keine hemmende Angst aufbaut.

10. Das Reitenlernen methodisch anzugehen, langsam aufzubauen und – wenn möglich – schon in der Jugend mit Voltigieren anzufangen.

11. Größere Ansprüche an die Reitlehrer zu stellen.

12. Besseren Unterricht hinsichtlich der Gefahren des Reitens zu fordern.

Soweit die Untersuchung von Unfällen beim Reiten durch die Kommission des niederländischen Gesundheitsministeriums, der ich nichts hinzuzufügen habe als die Versicherung, daß ich sie las, als ich dieses Buch über die Angst fast fertiggestellt hatte. Es hat mich tief beeindruckt, daß hier Fachärzte zum gleichen Resultat gekommen sind wie ich, der ich die Sache seit 40 Jahren als Hippologe verfolge.

Drei Aspekte möchte ich zusätzlich und abschließend noch vertiefen:

1. Reiten Sie nie allein aus! Ich weiß, wie schwierig es oft ist, eine passende Begleitung zu finden, doch sollte man sich unbedingt darum bemühen. Gegen meinen ausdrücklichen Wunsch ritt kürzlich eine junge Reiterin in Reken allein aus – und kam schreckensbleich und blutverschmiert eine Stunde später zurück. Ihr Pferd war mit einem Vorderfuß in ein Kaninchenloch geraten und gestolpert. Die Reiterin fiel. Das Pferd blutete sehr stark. Später stellte sich heraus, daß in dem Loch zerbrochene Flaschen lagen. Zufällig ereignete sich der Unfall 500 m vor dem Stall, Hilfe konnte geholt, das Pferd verbunden und sofort in die Klinik gebracht werden. Drei Kilometer weiter und das Pferd wäre verblutet!

Ebenso aber hätte die Reiterin einen leichten Schwächeanfall haben und stürzen können – die Möglichkeiten kann man sich selbst in voller Breite ausmalen. Ist ein zweiter Reiter dabei, kann meist geholfen werden. Oft trifft man ja auf einem Ritt keinen Menschen mehr draußen an: wo früher der Bauer wochenlang mit Pferd und Gerät auf dem Felde war, erledigt heute der Traktor die Arbeit in Stunden…
Und Pferde gehen zu zweit meist weit ruhiger.

Schlußwort

2. Meiden Sie verkehrsreiche Straßen. Das Pferd paßt nicht mehr in unseren Verkehr – und die übrigen Verkehrsteilnehmer haben kein Verständnis mehr für Pferde. Sie hupen, fahren zu dicht auf, wollen sich einen »Spaß« mit uns machen – alles lebensgefährlich. Steigen Sie lieber ab und führen Sie das Pferd, wenn es sich gar nicht anders machen läßt. Jogger erschrecken Pferde auch manchmal sehr.

Reiten Sie bei Glatteis entweder gar nicht oder nur mit guten Stollen aus.

Ganz schlimm ist der, bei uns auch für Reiter, vorgeschriebene Rechtsverkehr. Es sollte – wie beim Fußgänger – eher heißen: »Reiter reiten links«. Gefahren, die es sieht, erschrecken ein Pferd viel weniger als die unsichtbar von hinten kommenden.

3. Reiten Sie niemals, wenn Sie sich nicht wohl fühlen – nervös sind, gereizt, überarbeitet, verärgert. Das Pferd spürt solche Regungen sofort und wird ebenfalls nervös. Da ist es sehr viel sicherer, zu Hause zu bleiben.

Gebrauchen wir unseren Verstand, machen wir uns frei von allen dummen Vorurteilen, lernen wir so zu reiten, wie es uns Spaß macht, gehen wir erkannten Gefahren unbedingt aus dem Wege – lernen wir alle wieder so zu reiten, wie es unsere Vorfahren seit Jahrtausenden getan haben: vernünftig, fröhlich, aufmerksam und sehr, sehr bemüht. Dann kann die Angst zwar noch da sein, aber sie hat weniger Chancen, Wirklichkeit zu werden.

Eminent wichtig ist es in unserer Zeit
des dichten Verkehrs, Pferde sehr über-
legt an alles zu gewöhnen, was ihnen
im Straßenverkehr begegnen könnte.
Das braucht Zeit, ist aber viel wichtiger,
als Volten und Schlangenlinien zu
reiten, wenn Sie Angst haben,
auszureiten.

Blake, Henry
Verstehe dein Pferd
Rüschlikon/Zürich 1976

Blendinger, Wilhelm
Psychologie
und Verhaltensweisen des Pferdes
Hamburg, 5. Auflage 1987

Blendinger, Wilhelm
Gesundheitspflege
und erste Hilfe für das Pferd
Hamburg 1980

Bruns, Ursula
Richtiger Umgang mit Pferden
Rüschlikon/Zürich 1972

Bruns, Ursula
Mit Pferden richtig umgehen
München 1982 (Taschenbuch)

Bruns, Ursula
Das richtige Pferd
Rüschlikon/Zürich 1976

Bruns, Ursula/
Tellington-Jones, Linda
Die Tellington-Methode:
So erzieht man sein Pferd
Rüschlikon/Zürich 1985
(Auch als Videokassette)

Littauer, Wladimir
Die moderne Reitlehre
Rüschlikon/Zürich 1980

Reiten mit FS
Bonn o. J.

Schütt, Christa
Reitertips
Reutlingen o. J.

Weitere empfehlenswerte Bücher:

Bruns, Ursula/Weiland, Elisabeth
Zauber der Pferde
Rüschlikon/Zürich 1976

Edwards, E. Hartley
Pferde Begleiter des Menschen
durch die Geschichte
Rüschlikon/Zürich 1988

Hoffmann, Marlit
Alltagsprobleme rund ums Pferd
Rüschlikon/Zürich 1987

Hoffmann, Marlit/Marten, Jens
Offenstallbau und Zubehör
Bonn o. J.

Adressen:

Freizeit im Sattel
Venusbergweg 10
5300 Bonn 1

FS-Testzentrum
Frankenstraße 37
4421 Reken 3

UB mit der töltenden Traberstute Eileen von Epilog, einem sehr leichttrittigen Ausdauerpferd. Weich am hingegebenen Zügel gehend.

Heißgeliebte Islandpferde
160 Seiten mit 80 Fotos

Die Wildpferde von Dülmen
87 Seiten mit 24 Fotos

Über die ersten Islandpferde nach dem Krieg lachte und spottete die »Fachwelt«. Diese zottigen Wildtiere nahm niemand ernst, der ein »richtiges« Pferd ritt. Was aber an den Isländern dran ist, das zeigte Ursula Bruns mit diesem Buch, das eine einzige Liebeserklärung an diese Rasse ist. Unaufdringlich, in Episoden und Erzählungen verpackt, wird hier der Charakter, die Lebensweise und Geschichte dieser Pferde geschildert, in spannenden Berichten gewissermaßen ihr Psychogramm geschrieben, wird ihre Robustheit und Instinktsicherheit in eindrucksvollen Szenen vorgeführt, wird ihre Gutmütigkeit und Zuverlässigkeit faßbar. Am Schluß des Buches weiß man »alles« über diese liebenswürdigen Geschöpfe.

Nicht weit nördlich des Ruhrgebietes gibt es, so unglaublich das klingt, eine Naturoase, in der Pferde in freier Wildbahn leben. Es ist die letzte Deutschlands, im Merfelder Bruch bei Dülmen. Einmal im Jahr, am letzten Samstag im Mai, erfüllt schmetternde Musik weithin die Heide und leitet das bekannteste Ereignis dieser Wildbahn ein: das Einfangen der Junghengste. Zehntausende von Menschen strömen alljährlich aus dem In- und Ausland herbei, um dieses Naturschauspiel zu erleben. Und es ist wahrlich ein großartiges Schauspiel, wenn 200 Pferde in donnerndem Galopp in die Arena stürmen! Wie die Herde lebt, schildert Ursula Bruns ebenso fachmännisch wie anrührend, unterstützt von den herrlichen Fotos Karl-Heinz Klubescheidts. Werden und Vergehen, Geburt und Tod werden uns nahegebracht, das Dasein der einzigartigen und letzten Herde von Wildpferden – ein kostbares Stück Natur in einer hochtechnisierten Welt.

Ein weiteres Buch von Ursula Bruns im **Georg Bitter Verlag**

Das richtige Pferd

Handbuch für den Freizeitreiter

Geleitwort von Landstallmeister a. D. Dr. Wilhelm Uppenborn
Mit 162 Abbildungen

Der erste Satz dieses Buches heißt:
"Reiten macht Spaß!"
Voraussetzung ist aber, daß man das richtige Pferd reitet.
Über das Pferd zur Freude am Reiten orientiert Ursula Bruns mit der souveränen Sachkenntnis fünfundzwanzigjähriger Erfahrung - dem Freizeitreiter zum Nutzen!
"Er wird beraten, wie es niemand besser für ihn und sein Pferd tun könnte", schreibt eine solche Autorität wie Landstallmeister Dr. W. Uppenborn im Geleitwort.

Reiten bedeutet für Zehntausende: Ausgleich, Entspannung, Naturentdeckung, Befreiung aus Alltags-Streß zu urgesunder Vitalität. "Unbelastetes, klischeefreies, natürliches Reiten", nennt es Ursula Bruns. Dafür sind andere Pferde gefragt als das Kavalleriepferd, das feudale Repräsentationspferd, das Pferd für den Dressur-, Spring- und Rennreiter.
Doch zeichnet Tradition das Bild vom "richtigen" Pferd, auch für den Freizeitreiter, noch immer nach solchem Ideal.
Das wird hier korrigiert!
Hier lernt der Freizeitreiter sein Pferd kennen - sich mit Pferden auskennen (bis zur Zucht, läßt doch die Liebe zum Pferd manchen Freizeitreiter zum Freizeitzüchter werden).
Welche körperlichen Eigenschaften muß das Freizeitpferd besitzen?
Welche Charaktereigenschaften sollen es auszeichnen?
Welche Rassen erfüllen diese Anforderungen in besonderem Maße?
Welche Art der Haltung, wieviel Pflege erfordern sie?
Wie erkennt man das Alter eines Pferdes?

Wie prüft man seine Kondition?
Nach welchen Merkmalen wählt der Freizeitreiter ein Pferd?
Alle grundlegenden Fragen werden in dieser Art gestellt. Sie werden
nicht mit Theorien beantwortet, sondern ganz anschaulich:
durch tabellarische Gegenüberstellung von Rassemerkmalen;
durch Fallbeispiele für die Rassenwahl;
durch einen maßstabgerechten Überblick der Hauptrassen in Abbildungen, so daß die Größenunterschiede augenfällig sind;
durch eine von Ursula Bruns erstmals zusammengestellte Illustration
aller Gangarten; daraus ist ersichtlich, daß es Rassen mit speziellen
"Freizeit-Gangarten" gibt, die noch den stundenlangen Wanderritt zum
Vergnügen machen.
Alles in allem: Der Freizeitreiter erhält Bescheid, sein Auge wird
genau geschult, worauf es ankommt - von Kopf bis zu den Hufen -,
damit sich ihm erfüllt, was das Ziel ist:
"Reiten macht Spaß!"

 Recklinghausen